A CONDIÇÃO DE IMIGRANTE

CARLA AMADO GOMES
Professora da Faculdade de Direito da Universidade de Lisboa
Professora Convidada da Faculdade de Direito da Universidade Nova de Lisboa

ANABELA COSTA LEÃO
Assistente da Faculdade de Direito da Universidade do Porto

A CONDIÇÃO DE IMIGRANTE

Uma análise de Direito Constitucional
e de Direito Administrativo

A CONDIÇÃO DE IMIGRANTE

AUTORAS
CARLA AMADO GOMES
ANABELA COSTA LEÃO

EDITOR
EDIÇÕES ALMEDINA. SA
Av. Fernão Magalhães, n.º 584, 5.º Andar
3000-174 Coimbra
Tel.: 239 851 904
Fax: 239 851 901
www.almedina.net
editora@almedina.net

PRÉ-IMPRESSÃO | IMPRESSÃO | ACABAMENTO
G.C. GRÁFICA DE COIMBRA, LDA.
Palheira – Assafarge
3001-453 Coimbra
producao@graficadecoimbra.pt

Julho, 2010

DEPÓSITO LEGAL
313806/10

Os dados e as opiniões inseridos na presente publicação são da exclusiva responsabilidade do(s) seu(s) autor(es).

Toda a reprodução desta obra, por fotocópia ou outro qualquer processo, sem prévia autorização escrita do Editor, é ilícita e passível de procedimento judicial contra o infractor.

Biblioteca Nacional de Portugal – Catalogação na Publicação

GOMES, Carla Amado, e outro

A condição de imigrante : uma análise de direito constitucional e de direito administrativo / Carla Amado Gomes, Anabela Costa Leão. - (Monografias)
ISBN 978-972-40-4289-3

I – LEÃO, Anabela F. da Costa

CDU   342
          314

NOTA PRÉVIA

Este texto teve por base a versão alargada da apresentação da primeira autora na VIII Conferência Anual de Direito Americano e português, subordinada ao tema geral *A comparative discussion of immigration law in the European Union and the United States*, que teve lugar na Columbus Law School, na Catholic University of Washington, nos dias 23 e 24 de Março de 2009.

A actualidade e relevância do tema convidavam a desenvolvimentos, que a segunda autora se prontificou a fazer, na sequência da leitura crítica de uma primitiva versão do texto. O resultado é, assim, fruto de uma parceria académica que muito melhorou o texto inicial.

INTRODUÇÃO

Em finais de 2007, havia 434.000 imigrantes legalizados em Portugal[1]. Este número representa um forte incremento da imigração nas três últimas décadas, como a análise das estatísticas demonstra. Em 1980, 50.751 imigrantes tinham residência legal em Portugal. Dez anos mais tarde, este número duplicou para 107.767[2]. Entre 1991 e 2001, houve um crescimento de 83% de imigrantes no país (que contribuiu para um aumento demográfico de 22% da população portuguesa). Actualmente, o número de imigrantes legalizados é quatro vezes superior ao da década de 1980. Os imigrantes representam, todavia, menos de 5% da população portuguesa, uma percentagem mínima comparativamente com outros Estados-membros da União

---

[1] Tomando como período de referência mais recente 2008, segundo as estatísticas do SEF, a população *estrangeira* com estatuto legal de residente era de 436 020, num total de população estrangeira em território nacional de 440 277 (dados provisórios, disponíveis em www.sef.pt, acedido em 22 de Março de 2010), sendo a população residente total 10 627 250 (dados disponíveis em www.ine.pt, acedido em 22 de Março de 2010).

Note-se que os dados relativos a 2008 são, pela primeira vez, exclusivamente extraídos do *Sistema Integrado de Informação do SEF* (SIISEF), que substitui a aplicação INE/SEF (ainda responsável pelos dados relativos a 2007), trazendo uma melhoria de qualidade e fiabilidade da informação estatística na matéria, como se explica no Relatório de Imigração, Fronteiras e Asilo – 2008, elaborado pelo Serviço de Estrangeiros e Fronteiras, pp. 13 segs (disponível para consulta em www.sef.pt, acedido em Janeiro de 2010), pelo que os dados anteriores a 2008 têm carácter de estimativa, não se excluindo a possibilidade de sobreavaliação. Como se lê neste Relatório de Imigração..., *cit.*, p. 20, "tanto a alteração da metodologia estatística como a plena aplicação da nova lei de estrangeiros, operaram alterações de forma e de substância, respectivamente, que não podem ser ignoradas na análise dos dados da população estrangeira neste ano de 2008. Neste sentido, o ano de 2008, apresenta-se como um «ano zero» de uma nova etapa nos ciclos imigratórios para Portugal".

[2] Cfr. Jorge GASPAR, A autorização de permanência e a integração do imigrantes (Uma análise político-jurídica), *in O Direito*, 2001/IV, pp. 959 segs, 983 (com base em dados fornecidos pelo Serviço de Estrangeiros e Fronteiras).

Europeia (3,6% relativamente à média europeia de peso de trabalhadores estrangeiros no total de população empregada, que corresponde a 6,8%)[3].

Estes números podem surpreender, tendo em consideração que Portugal tem sido um país em que se verifica sobretudo um fluxo de emigração. De facto, a epopeia marítima dos séculos XV e XVI e a colonização que dinamizou determinaram o carácter aventureiro das gentes portuguesas, que procuraram melhores condições de vida em África, Índia e Brasil. Mais recentemente, em finais dos anos 1960, a natureza antidemocrática do regime político e as dificuldades económicas sentidas sobretudo pelas populações do interior justificaram uma nova vaga de emigração, desta vez para Estados europeus (especialmente para França, mas também para a Suíça e Alemanha). A estabilização política do país, alcançada ao longo da década de 1980, com o desenvolvimento económico que lhe esteve associado, reduziu drasticamente os fluxos emigracionais.

Em contrapartida, os anos 1970 introduziram em Portugal a nova realidade da imigração, sobretudo em virtude do abandono das colónias pelos portugueses aí sedeados e do seu regresso à pátria. Simultaneamente, muitos africanos em busca de melhores condições de vida – e de paz – chegaram à metrópole. Para além disso, ao longo dos anos 1990, Portugal foi sendo progressivamente confrontado com cidadãos dos Estados-membros da Comunidade Europeia, ao abrigo da liberdade de circulação instituída na sequência da ratificação do Tratado de Roma, formalizando a adesão de Portugal à Comunidade Europeia.

A queda do muro de Berlim, em 1989, e a *Perestroika* russa, foram identicamente responsáveis pela vinda de muitos cidadãos de Estados do leste Europeu, como a Roménia, a Ucrânia, a Moldávia, atraídos pelo forte investimento em obras públicas (como a Ponte *Vasco da Gama*, inaugurada em 1998) e eventos públicos (como a *Expo 1998*)[4]. Se até aos anos 1990 os imigrantes dos PALOP

---

[3] Fonte: Sítio da Presidência – *www.presidencia.pt* (último acesso em Março de 2010). Os dados têm por base um estudo publicado pelo Eurostat (2003).

[4] Veja-se Júlio CARNEIRO PEREIRA, Direito à emigração e imigração com direitos, in RMP, n.º 90, 2000, pp. 113 segs., 115-116.

eram preponderantes, depois disso as fontes da imigração diversificaram-se[5]. Naturalmente que as relações privilegiadas com o Brasil justificam a presença de uma grande comunidade brasileira no território português – presentemente, a maior comunidade imigrante no país[6].

Cumpre observar, todavia, que os números da imigração decrescem desde 2004, em grande parte devido à crise económica que o país enfrenta, que acarreta uma drástica redução do emprego. Em contrapartida, denota-se um ligeiro acréscimo da emigração, para Angola, de portugueses que tentam tirar proveito do crescimento económico que aquele Estado africano experimenta após anos de guerra civil[7].

Em suma, Portugal é, actualmente, país de emigração e de imigração (esta, resultante de diferentes "vagas"[8]), ainda que esta "dupla natureza" de país de origem e de país de destino de fluxos migratórios

---

[5] Veja-se João PEIXOTO, Imigração e demografia em Portugal, in Boletim Informativo do ACIDI, I.P., n.º 68, 2009, p. 17 (só tem 1 pág).

[6] De acordo com a informação veiculada no sítio da Presidência Portuguesa acima referido (2006), 55% dos imigrantes vem de Estados parte da CPLP (Comunidade dos Países de Língua Portuguesa), 28% de Estados-membros da União Europeia, 11% de Estados da América Latina, 5% de Estados asiáticos e 4% de outros Estados.

Segundo o Relatório de Imigração..., cit., pp. 27 segs, com base em dados extraídos do SIISEF referentes a 2008, a comunidade brasileira é a mais representativa, com 106 961 indivíduos (24% da comunidade estrangeira residente em Portugal), seguida pela ucraniana que, pela primeira vez, surge como a segunda comunidade estrangeira mais representativa em Portugal, com 52 494 cidadãos (12%) e, em terceiro lugar, por naturais de Cabo Verde, com 51 352 residentes (12%) – os números referem-se a imigrantes legalizados.

[7] Adite-se, no entanto, uma informação relativa a um crescente "êxodo" oculto – por não haver dados recolhidos desde 2003 e também pela ausência de controlos fronteiriços – de portugueses para países da União Europeia, especialmente França, Luxemburgo e Reino Unido (além da Suíça). O motivo principal da saída prende-se com a grave crise económica que o país atravessa, com drástica redução das hipóteses de emprego e sucessivas falências de empresas e consequente encerramento – cfr. "Fugir à crise", Revista Visão, de 2 de Abril de 2009, pp. 72-74.

[8] Segundo David JUSTINO, as diferentes características das sucessivas vagas migratórias trouxeram diversidade à realidade da imigração portuguesa, diversidade esta que deve ser tida em conta na compreensão das questões ligadas à integração das comunidades de imigrantes em Portugal – Integração política e cívica. Cidadania e Civismo. Participação política. Acesso à Nacionalidade, in Imigração: oportunidade ou ameaça? Recomendações do Fórum Gulbenkian Imigração, António Vitorino (coord.) Estoril, 2007, pp.153 segs.

possa não surgir com grande clareza na percepção da opinião pública portuguesa, "que tende a privilegiar o impacto da imigração e a subavaliar a dimensão continuada da emigração"[9].

Esta mudança na realidade portuguesa surtiu forte impacto: num país normalmente caracterizado como apresentando elevados níveis de homogeneidade étnica, linguística e cultural, "o aparecimento de grupos imigrantes que, pelas suas características sociais e culturais, se diferenciam dos *nacionais* não pode deixar de produzir mudanças no seu sistema social e na forma como os cidadãos e as instituições lidam com essa nova realidade"[10].

A discussão sobre a imigração, marcada pela tensão entre "mitos" e "factos"[11], entre uma visão "utilitarista" e uma visão "humanista"[12], entre discurso político "expansionista" e "restriccionista"[13], é também gravada pela ambivalência na avaliação do seu contributo: oportunidade? desafio? (ou mesmo) ameaça?[14]. O impacto dos movi-

---

[9] António Vitorino, Imigração: oportunidade ou ameaça?, in *Imigração: oportunidade ou ameaça? cit.*, pp. 17 segs., 19. Como aí se pode ler, esta percepção "distorcida" da realidade dos fluxos migratórios não é exclusiva da opinião pública portuguesa, podendo ser alargada às opiniões públicas europeias em geral. Como nota o Autor a pág. 20, "[e]ste desfasamento entre percepções e realidade no domínio das migrações tem vindo a aprisionar e a distorcer o próprio debate democrático sobre o significado e o impacto dos fluxos migratórios nas sociedades contemporâneas, especialmente nos países de destino desses fluxos".

Sobre a relação entre políticas migratórias e percepção pública da realidade migratória, demonstrando que esta última pode influenciar fortemente a efectividade das primeiras, vejam-se Ricklef Beutin, Marcel Canoy, Anna Horvath, Agns Hubert, Frédéric Lerais e Myriam Sochacki, Reassessing the Link between Public Perception and Migration Policy, in *EJML*, 9 (2007), pp. 389 segs.

[10] David Justino, Integração política e cívica..., *cit.*, p. 153.

[11] Rui Marques, Uma mesa com lugar para todos, Lisboa, Instituto Padre António Vieira, 2005, pp. 131 segs.

[12] Rui Marques, Uma mesa..., *cit.*, p. 21.

[13] José Joaquim Gomes Canotilho, Enquadramento jurídico da imigração, in *Actas do I Congresso Imigração em Portugal*, Lisboa, ACIME, 2004, pp. 151 segs., 156-157.

[14] Esta "complexidade" tem sido largamente posta em evidência. Isso mesmo demonstra o título de muitas obras da Fundação Calouste Gulbenkian no âmbito do Fórum Gulbenkian Imigração, tais como *Imigração: oportunidade ou ameaça? Recomendações do Fórum Gulbenkian Imigração, cit.*. Sobre a questão, ver igualmente Ana Martinho, Imigração, Integração e Participação Social, Agenda Social Renovada, in *Temas de Integração*, n.º 26, 2008, pp. 239-248.

mentos imigratórios é visível a vários níveis, que não apenas o do impacto demográfico[15], ou o do contributo para a força de trabalho: seja no acesso à habitação e à saúde, na educação, na protecção e segurança social, seja nos sistemas político e jurídico, nas noções de cidadania, comunidade e identidade[16]. Aos contributos económicos ou não-económicos da imigração – entre estes, o enriquecimento cultural da sociedade "hospedeira" – estão associados diversos desafios, entre os quais os gerados pela necessidade de acolhimento, de respeito pela diversidade e pelos direitos das pessoas imigradas e de preservação da coesão social (que, por vezes, chocam entre si)[17].

A imigração contribui para a diversidade cultural[18], também ela, *oportunidade* e *desafio*. A "multiculturalidade" crescente das nossas sociedades[19] obriga as democracias actuais a enfrentar o desafio de

---

[15] A relação entre imigração e demografia tem vindo a merecer bastante atenção nas sociedades europeias e, também, em Portugal. A evolução demográfica da população europeia (baixos níveis de fecundidade e mortalidade, envelhecimento da população, diminuição da população activa) e o papel que as migrações internacionais podem desempenhar nos fenómenos do declínio e envelhecimento demográficos têm sido objecto de estudo, particularmente nos anos mais recentes.

Em Portugal, estudos apontam também para fortes impactos directos e indirectos da imigração estrangeira, que tem contribuído intensamente para o aumento demográfico, explicando grande parte do crescimento total dos últimos anos e contribuindo para a manutenção de um crescimento natural (nascimentos menos óbitos) positivo, compensando o crescimento natural negativo existente para a população de nacionalidade portuguesa desde 2003 – cfr. João PEIXOTO, Imigração..., *cit*. Veja-se, por último, o estudo de Maria da Graça MAGALHÃES e João PEIXOTO, O impacto de diferentes cenários migratórios no envelhecimento demográfico em Portugal, 2009- 2060, *in Revista de Estudos Demográficos*, n.º 44, 2008, pp. 95 segs (o estudo centra-se na análise do impacto de diferentes cenários migratórios na evolução da estrutura populacional em Portugal para o período 2009-2060).

[16] David JUSTINO, Integração política e cívica..., *cit.*, p. 153.

[17] Dando conta da tensão entre diversidade e coesão, e propondo um modelo de integração que as concilia, Roberta MEDDA-WINDISCHER, Old and new minorities: reconciling diversity and cohesion. A human rights model for minority integration, Baden-Baden, 2009, *passim*.

[18] Ainda assim algo de novo num país essencialmente habituado a lidar com a diversidade além-fronteiras e não no seu território, como nota António CLUNY, Multiculturalismo, interculturalismo e imigração em Portugal no início do séc. XXI, *in RMP*, n.º 97, 2004, pp. 103 segs.

[19] Impõe-se uma precisão quanto ao conceito de "multiculturalismo": distinguimos "sociedades multiculturais" de "multiculturalismo", sendo a primeira expressão descritiva (ou seja, refere-se à realidade diversificada das nossas sociedades, a um *facto*) e remetendo a segunda para a reflexão teórica e a identificação de um modelo ou modelos normativos

encontrar respostas "moralmente defensáveis e politicamente viáveis" para as questões suscitadas pela diversidade cultural[20]. A questão das respostas à diversidade cultural deve igualmente ser colocada entre nós, sobretudo em virtude da crescente afirmação do país como destino de imigração. Portugal está a descobrir-se nestas "novas vestes" e a ponderar a resposta aos correspondentes desafios[21]. Porém, convém sublinhar que a diversidade cultural não se associa apenas aos fenómenos migratórios, apesar de estes terem contribuído para lhe conferir maior visibilidade[22].

Abordar o tema "imigração" pressupõe não apenas a discussão sobre uma determinada política de imigração e sobre o modelo de admissão de imigrantes, mas também a dimensão do acolhimento destes imigrantes pelos países de destino. Hoje em dia, a política de imigração surge associada à dimensão da *integração*, e esta pressupõe a escolha de um determinado *modelo* de gestão da diversidade daí resultante. A literatura sobre estes temas é abundante[23], e está marcada por alguma flutuação terminológica[24]. A construção dos

---

capazes de gerir possíveis conflitos gerados pela convivência entre pessoas e grupos de diferentes culturas. Sobre a distinção e sobre as diversas acepções em que pode ser tomada a expressão "sociedade multicultural", v. João CARDOSO ROSAS, Sociedade Multicultural: conceitos e modelos, in *RI*, n.º 14, Junho de 2007, pp. 47 segs. Como escreve o autor a págs. 47, "[s]ociedade multicultural é um conceito descritivo, enquanto multiculturalismo é um modelo normativo. Podemos concordar com o facto de que a maior parte das sociedades em que vivemos são multiculturais, mas não temos de concordar com a perspectiva multiculturalista sobre essas sociedades."

[20] Will KYMLICKA, Multicultural Citizenship. A liberal theory of minority rights, Oxford, 1995, p. 1.

[21] Patrícia JERÓNIMO (Imigração e minorias em tempo de diálogo intercultural – um olhar sobre Portugal e a União Europeia, *in SI*, n.º 317, 2009, pp. 7 segs., 8) acrescenta que, apesar de assumido o princípio do respeito pelas diferenças culturais, o país não parece disposto a levá-lo até a algumas das suas consequências mais problemáticas e a "subscrever frontalmente uma solução multiculturalista".

[22] Patrícia JERÓNIMO, Imigração e minorias..., *cit.*

[23] Sobre a questão, entre outros, Rui MARQUES, Políticas de gestão da diversidade étnico-cultural. Da assimilação ao multiculturalismo, Observatório da Imigração, 2003, e Uma mesa..., *cit.*, pp. 107 segs; María ELÓSEGUI ITXASO, Asimilacionismo, multiculturalismo, interculturalismo, *Claves de Razón Práctica*, n.º 74, 1997, pp. 24 a 32; Roberta MEDDA-WINDISCHER, Old and new minorities..., *cit.*, pp. 17 segs.

[24] *Vide* Jorge GASPAR, A autorização de permanência..., *cit.*, pp. 967 segs., discreteando sobre como o termo *integração* pode ser equívoco – pois pode, no limite,

modelos de integração de imigrantes não está, porém, isenta de riscos e de dificuldades, falando-se mesmo em "crise" dos modelos de integração[25].

A generalidade dos Estados europeus reconhece a necessidade de ter em conta as diferenças culturais nos seus processos políticos de tomada de decisões, e procura modelos para acomodar e integrar as "novas minorias" resultantes das migrações[26]. E, em termos mais ou menos amplos, vem sendo defendida a existência de um direito de defesa e de promoção da identidade e da diversidade cultural (seja ou não um direito de grupo)[27]. Uma dimensão apaixonante do estatuto dos imigrantes reside, precisamente, no problema de saber que direitos fundamentais lhes devem ser atribuídos/reconhecidos[28], nomeadamente em que medida podem ser diminuídos os seus direitos em atenção à conciliação dos seus *modus vivendi* com os valores morais e jurídicos das comunidades de acolhimento.

A questão é, pois, a de conciliar *coesão* e *diversidade* e de utilizar a diferença como um "recurso" e não como uma "ameaça"[29]. Apesar de não caber no objecto deste trabalho a discussão em torno do "modelo constitucionalmente adequado", sempre se dirá que a opção por um determinado *modelo de gestão da diversidade cultural*

---

abranger o assimilacionismo e o multiculturalismo –, sendo talvez preferível falar em gestão da diversidade cultural e em modelos *inclusivos* – Javier DE LUCAS MARTIN, Sobre la gestión de la multiculturalidad que resulta de inmigración: condiciones del proyecto intercultural, in AA.VV., *Desafíos actuales a los derechos humanos: la violencia de género, la inmigración y los medios de comunicación*, Maria Eugenia Rodríguez Palop *et alli* (eds.), Madrid, 2005, pp. 73 segs., 74-79. Sobre a relação complexa entre integração e assimilação, Walter KÄLIN, Human Rights and the integration of migrants, *in Migration and International Legal Norms*, coord. de T. A. Aleinikoff e V. Chetail, The Hague, 2003, pp. 271 segs, 272-274.

[25] Como se discutiu, recentemente, na conferência *A crise dos modelos de integração de migrantes: uma comparação internacional*, org. Fórum Gulbenkian Migrações 2009, que teve lugar em Lisboa em 25 de Novembro de 2009.

[26] Roberta MEDDA-WINDISCHER, Old and new minorities..., *cit.,,* p. 13.

[27] Roberta MEDDA-WINDISCHER, Old and new minorities..., *cit.,* em especial pp. 172 segs.; Miguel CARBONELL, Constitucionalismo y Multiculturalismo, in *Derecho Constitucional para el Siglo XXI*, II, Navarra, 2006, pp. 4757 segs; Abdulqawi YUSUF, Cultural rights as collective rights in international law, *in Multiculturalism and International Law*, Kalliopi Koufa (org.), Atenas, 2007, pp. 53 segs.

[28] Sobre as várias "máscaras" que os imigrantes podem afivelar, José Joaquim GOMES CANOTILHO, Enquadramento..., *cit.*, pp. 152 segs.

[29] Roberta MEDDA-WINDISCHER, Old and new minorities..., *cit.*, p. 14.

(ou, porventura e mais realisticamente, pela adopção do modelo mais ajustado à realidade e à história do país em função da combinação de aspectos dos vários modelos abstractos normalmente apresentados) não pode, actualmente, esquecer as coordenadas do respeito pela diversidade cultural, pelo pluralismo e pelos direitos fundamentais – ou seja, terá de ser um modelo constitucionalmente adequado e inclusivo[30]. A rejeição dos modelos assimilacionistas e também dos que, reconhecendo não obstante a diversidade cultural, inviabilizam uma *inclusão* efectiva (como será o caso do multiculturalismo, quando conduza à "guetização"[31]) abre caminho ao *modelo intercultural*, apontando para um diálogo e integração harmónica entre culturas, tendo na base um conjunto de valores comuns como garantia (mínima) de coesão[32].

A decisão não pode, por isso, adquirir um cunho puramente político, no sentido de "não-jurídico", mas será certamente política no sentido mais amplo e mais nobre, pois diz respeito à configuração da comunidade política, da *polis*.

Como se referiu, abordar uma questão tão intrincada como a das migrações implica vários níveis de análise, desde a gestão dos fluxos migratórios e políticas de admissão de estrangeiros à integração destes nos países de destino, bem como a utilização de um discurso multidisciplinar. E à complexidade das migrações contemporâneas corresponde também a multiplicidade de regulação, com justaposição de níveis de regulação globais, regionais e nacionais, em interacção recíproca[33]. A regulação da imigração no plano da União Europeia (desenvolvida a partir da década de 1990 e, sobretudo, do Tratado de Amesterdão) demonstra bem esta complexidade e a necessária articu-

---

[30] Sobre inclusividade constitucional e a "função de inclusividade multicultural", José Joaquim GOMES CANOTILHO, Enquadramento..., *cit.*, p. 154 segs, e Direito Constitucional e Teoria da Constituição, 7.ª ed., Coimbra, 2003, pp. 1450-1452.

[31] Cfr. as observações de Giovanni SARTORI, La sociedad multiétnica. Pluralismo, multiculturalismo y extranjeros, Madrid, 2001, *passim*.

[32] Sobre o modelo intercultural *vide*, entre outros, María ELÓSEGUI ITXASO, Asimilacionismo..., *cit.;* Antonio-Luis MARTÍNEZ-PUJALTE, Derechos humanos e identidad cultural. Una posible conciliación entre interculturalidad y universalidad, in *Persona y Derecho*, n. .º 38, 1998, pp. 119 segs. e Javier DE LUCAS MARTIN, Sobre la gestión de la multiculturalidad que resulta de inmigración..., *cit.*

[33] António VITORINO, Imigração..., *cit.*, pp. 22 segs.

lação entre a dimensão supra-nacional de gestão dos fluxos migratórios[34] e a dimensão nacional, que assim cede "espaço de decisão" numa matéria tradicionalmente abrangida pela soberania nacional em benefício de uma "política comum". No entanto, há ainda aprofundamentos a fazer (não obstante algum "reforço" resultante da entrada em vigor do Tratado de Lisboa: veja-se o novo Título V do TFUE, dedicado ao "Espaço de liberdade, segurança e justiça")[35].

Por outro lado, a política europeia de imigração não pode dissociar-se da dimensão de *integração* dos imigrantes[36] – vista não já como um "luxo", mas como um "imperativo político, económico, social e ético"[37] –, sendo esta um objectivo das políticas comunitárias de imigração, das quais se reclamou que combatessem a "lógica da exclusão" dominante[38]. Para a União Europeia e os seus Estados Membros, 2008 foi o *Ano Europeu do Diálogo Intercultural*[39], iniciativa que se insere de pleno na orientação comunitária de promover e valorizar a diversidade cultural, em relação com a orientação de promover a integração dos imigrantes nas sociedades de acolhimento com respeito pelas culturas de origem e a protecção das minorias[40].

---

[34] Com efeito, apesar de a decisão de admissão de um estrangeiro (nacional de um país terceiro) no território ser *nacional*, essa admissão torna acessível o território da União Europeia e justifica o estabelecimento de regras comuns europeias.

[35] Sobre a questão *vide*, por exemplo, o *Relatório do Parlamento Europeu sobre uma política de imigração comum para a Europa: princípios, acções e instrumentos*, de 6 de Abril de 2009 (disponível para consulta em www.europarl.europa.eu, último acesso em Março de 2010) e Michael DOUGAN, The Treaty of Lisbon 2007: winning minds, not hearts, in *CMLR* 45, 2008, p. 617 segs., 680-687.

[36] A política de imigração surge como uma questão prévia à da integração dos imigrantes – Jorge GASPAR, A autorização.., *cit.*, pp. 963 segs.

[37] Nas palavras de Ana MARTINHO, Imigração..., *cit.*, p. 242.

[38] Vejam-se os *Princípios básicos comuns para a integração dos imigrantes na União Europeia*, adoptados pelo Conselho de Justiça e Assuntos Internos, em Bruxelas, na reunião de 19 de Novembro de 2004 e, mais recentemente, o *Pacto Europeu de Imigração e Asilo*, 2008. Sobre este ponto, mas centrando-se no problema da integração de nacionais de países terceiros, Thomas GROSS, Integration of immigrants: the perspective of European Community Law, in *EJML*, 7 (2005), pp. 145 segs.

[39] Vejam-se COM (2005)467 final, de 5 de Outubro, e a Decisão 1983/2006/CE, do Parlamento Europeu e do Conselho, de 18 de Dezembro.

[40] Cfr. Patrícia JERÓNIMO, Imigração e minorias..., *cit.*, p. 7. Sobre a evolução quanto à política de imigração e integração dos imigrantes na União Europeia, Ana MARTINHO, Imigração..., *cit.*

Apesar de poder discutir-se quer a integração de nacionais de Estados Membros, quer a de nacionais de países terceiros, a questão acaba praticamente por se colocar em relação a estes com maior *sensibilidade,* dada a diferença de estatuto entre estes imigrantes e os cidadãos da União Europeia, que pode dificultar a sua integração – questão a que voltaremos mais tarde. A imigração de cidadãos da União Europeia transformou-se até, para alguns, numa "não questão", dada a aproximação do seu estatuto ao dos nacionais do Estado de acolhimento.

O que deve entender-se por "integração"? Um aspecto que tem sido debatido é precisamente o do lugar que ocupa esta integração, quando a directiva 2003/109/CE do Conselho, de 25 de Novembro (Residentes de Longa Duração) permite aos Estados a introdução de "requisitos de integração" como *pressuposto* para reconhecer o estatuto de residente de longa duração (artigo 5.º/2) e de domínio da língua para aceder ao ensino e formação profissional [artigo 11.º/3/b)]. Neste quadro, caso o residente de longa duração pretenda residir num segundo Estado-membro, este pode exigir-lhe o cumprimento de medidas de integração de acordo com o direito nacional, a menos que lhe tenha sido exigido o cumprimento de medidas de integração para aquisição do estatuto (artigo 15º/3). A integração passa assim a funcionar como filtro", e não apenas como consequência[41].

Estes testes ou medidas de integração visam, sem dúvida, promover a participação dos indivíduos na vida social. Pode, todavia, questionar-se se, ao fazê-lo, não estarão (para além de a dificultar o acesso ao estatuto[42]) também a desproteger ou desincentivar a "diversidade cultural" dos imigrantes[43]. Sem nos alongarmos no tema, que escapa ao âmbito deste trabalho, não podemos deixar de salientar que este conceito de "integração" tem de ser visto com peso e medida, para não significar também ele "assimilação" – ou seja, trata-se de uma integração que salvaguarda a diversidade cultural.

---

[41] Sobre a questão, Thomas GROSS (Integration..., *cit.,* pp. 152 segs), notando que a Directiva 2003/86/CE do Conselho, de 22 de Setembro, relativa ao reagrupamento familiar estabelece igualmente a possibilidade de os Estados-membros exigirem o cumprimento de medidas de integração (artigo 7.º/2), e Roberta MEDDA-WINDISCHER (Old and New Minorities..., *cit.,* pp. 150 segs), para quem, da análise dos artigos 9.º e 12.º da Directiva 2003/109/CE, resulta ainda assim que o fracasso na integração não será, por si só, fundamento de expulsão ou perda de estatuto.

[42] Links between migration and discrimination, Comissão Europeia, European Network of Legal Experts in the non-discrimination field, Luxemburgo, Departamento de Publicações da União Europeia, 2009, pp. 28 segs.

[43] Neste sentido, Roberta MEDDA-WINDISCHER, Old and New Minorities..., *cit.,* pp. 153-155.

Por um lado, a integração (no sentido visto) pode ser medida por indicadores[44] que não se referem apenas ao mercado de trabalho, mas também, numa visão não economicista (porque redutora), a outras esferas da sociedade – educação, habitação, acesso a cuidados de saúde, participação política, relação com o sistema de justiça e prisional (a este ponto voltaremos *infra*). Não se trata somente uma integração social, mas também jurídica, sendo que esta é uma condição daquela[45]. Por outro lado, é uma *tarefa colectiva*, cabendo não apenas à União Europeia e aos Estados (ainda que seja sobretudo a este nível que se afere o sucesso da implementação das medidas de integração)[46], mas à sociedade em geral[47-48].

Quanto a Portugal, a opção pela integração resulta claramente, não apenas de instrumentos de acção como o *Plano para a Integração dos Imigrantes*[49], mas também, em termos institucionais, da existência

---

[44] Recordamos o que ficou dito *supra*, quanto à opção por *um determinado* modelo de integração.

[45] Cfr. Jorge GASPAR, A autorização de residência..., *cit.*, pp. 963 segs., referindo-se aos indicadores sociais e jurídicos da integração.

Refira-se que o *MIPEX, The Migrant Integration Policy Index*, é um índice que mede as políticas de integração de imigrantes em 25 Estados-membros da União Europeia e em 3 países não integrantes da União, cobrindo seis áreas: acesso à nacionalidade, medidas anti-discriminação, reagrupamento familiar, acesso ao mercado de trabalho, residência de longa duração e participação política. De acordo com os dados de 2007, Portugal obteve o 2.º lugar no que diz respeito ao reagrupamento familiar, ao acesso ao mercado de trabalho e medidas anti-discriminação, e o 3.º quanto ao acesso à nacionalidade e a residência de longa duração (disponível para consulta em http://www.integrationindex.eu/integrationindex/2509.html, último acesso em Março de 2010).

[46] António VITORINO, Imigração..., *cit.*, p. 25.

[47] Que se trata de uma tarefa colectiva, a que são chamadas entidades públicas infra-estaduais e organizações da sociedade civil, nas mais diversas áreas, é bem visível na análise e nas recomendações resultantes do *Fórum Gulbenkian Imigração (2006), cit.*.

[48] A este propósito, vejam-se também os dados recentemente divulgados do Relatório de Desenvolvimento Humano 2009 Ultrapassar Barreiras: Mobilidade e Desenvolvimento Humanos das Nações Unidas, disponível para consulta em http://hdr.undp.org/en/reports/global/hdr2009/, no qual as políticas de integração adoptadas por Portugal são frequentemente referidas.

[49] A Resolução do Conselho de Ministros 63-A/2007, de 3 de Maio, aprovou o Plano para a Integração dos Imigrantes, cujo período de vigência terminou no final de 2009, estando em preparação novo Plano, que vigorará entre 2010-2013, segundo informação disponível no sítio do ACIDI, em www.acidi.gov.pt (acedido em 25 de Janeiro de 2010). Os relatórios anuais de execução do Plano, de Junho de 2008 e de Junho de 2009, estão disponíveis para consulta no sítio do ACIDI.

de entidades com competências específicas neste domínio, como é o caso do *Alto Comissariado para a Imigração e Diálogo Intercultural* (ACIDI, IP), do *Conselho Consultivo para os Assuntos da Imigração* e da *Comissão para a Igualdade e contra a Discriminação Racial* (CICDR). Ser-lhes-á feita referência mais detida adiante, dado o papel que desempenham, também, como *instâncias de protecção dos direitos fundamentais*.

A necessidade de acomodar estrangeiros que entram no país e desejam ficar por períodos relativamente longos, trabalhando, estudando, envolvendo-se em trabalho voluntário, justifica, do ponto de vista fáctico e jurídico, a existência de leis sobre a imigração e políticas de imigração. Não que o Estado seja forçado a receber imigrantes: de acordo com um princípio de Direito Internacional geral, o Estado está autorizado a simplesmente proibir a entrada de não cidadãos no seu território – assim como a restringir a entrada e a estabelecer fundamentos de expulsão (desde que respeitando regras adequadas)[50]. Além disso, os Estados podem não reconhecer aos estrangeiros os mesmos direitos que aos nacionais, ainda que devam respeitar um *standard* mínimo (por exemplo, acesso à justiça, proibição de tratamento discriminatório, respeito da dignidade humana). Sem embargo, historicamente, os estrangeiros – sobretudo os comerciantes – têm visto ser-lhes reconhecido um direito à hospitalidade ou o direito a colaboração e comunicação, que compreende um direito a viajar, o direito a residir no Estado de acolhimento, o direito a comerciar, o direito a adquirir cidadania e o direito a não ser arbitrariamente expulso do território[51].

Um destaque especial é devido ao contributo da jurisprudência – e, na Europa, seja a do Tribunal de Justiça da União Europeia, seja a do Tribunal de Estrasburgo – para a fixação desse *standard mínimo de protecção* e mesmo, em determinados casos, *para o estabelecimento de um direito a entrar/permanecer no território do Estado* – desde logo, por mediação de

---

Pela Resolução do Conselho de Ministros n.º 136/2008, de 9 de Setembro (*in DR*, I, n.º 174, pp. 6276 segs.), determinou-se a elaboração do *Plano Nacional de Acção para a Inclusão 2008-2010*, no qual assume também importância a imigração.

[50] Veja-se Rui MOURA RAMOS, Estrangeiro, *in Polis*, II, Mem Martins, 1984, cc. 1215 segs., 1217.

[51] José MARTÍNEZ DE PISÓN, Derechos de la persona o de la ciudadanía: los inmigrantes, *in Persona y Derecho*, n.º 49, 2003, pp. 43 segs., 51.

direitos previstos na Convenção Europeia dos Direitos do Homem, como a proibição de tortura e tratamentos cruéis e degradantes (artigo 3.º) e o direito à protecção da vida privada e familiar (artigo 8.º)[52].

Este é um domínio em que é especialmente visível o choque entre "direitos" e "soberania estadual", sendo os direitos humanos dos migrantes *limites* ao poder soberano do Estado de dispor sobre a entrada, permanência e saída do seu território. Apesar de não existir propriamente um *catálogo* de direitos humanos dos migrantes no direito internacional[53], encontramos em diversos instrumentos de protecção de direitos humanos normas com incidência sobre os migrantes e fontes que visam especificamente a situação dos migrantes (*e.g.*, trabalhador migrante). Uma das vias propugnadas de alargamento dos direitos dos imigrantes é a extensão dos instrumentos de tutela dos direitos das minorias "tradicionais" (*e.g., Convenção Quadro para Protecção das Minorias Nacionais*, assinada no âmbito da ONU) às "novas minorias" ou "*novos grupos minoritários resultantes das migrações*", via esta que encontra algumas resistências[54].

No que tange a Portugal, a regulação da imigração baseia-se em duas linhas de força: por um lado, a vinculação às obrigações assumidas perante a União Europeia, relativas à liberdade de circulação e ao direito de residência dos cidadãos europeus, bem assim como ao controlo de entradas e permanência de cidadãos de terceiros Estados[55];

---

[52] V., sobre a questão, entre outros, Roberta MEDDA-WINDISCHER, Old and new minorities..., *cit.,* pp. 83 segs.

[53] Joan FITZPATRICK, The human rights of migrants, *in Migration and International Legal Norms,* T. A. Aleinikoff e C. Chetail (org.), The Hague, 2003, pp.169 segs. Pode, todavia, chegar-se a um elenco ou a *standards* de protecção resultantes das normas de direito internacional e comunitário. Cfr. a proposta para uma *Carta do Standard mínimo dos direitos dos estrangeiros e das minorias* em José Joaquim GOMES CANOTILHO (org.), Direitos humanos, estrangeiros, comunidades migrantes e minorias, Oeiras, 2000, pp. 27 segs.; *idem,* Enquadramento..., *cit.,* p.160 [que compreenderia obrigações de *facere* (adopção de medidas de garantia dos direitos) e de *non facere* (não tratamento arbitrário)].

[54] Sobre as "novas minorias", Roberta MEDDA-WINDISCHER, Old and New Minorities..., *cit..* A Autora (a pág. 41) define estes grupos como "grupos formados pela decisão de indivíduos e famílias de deixar a sua pátria de origem e emigrar para outro país, geralmente por razões económicas e, por vezes, também por razões políticas".

[55] Sobre o quadro internacional e europeu de protecção dos direitos fundamentais na Comunidade Europeia, relativamente a cidadãos europeus e cidadãos de Estados terceiros, Maria Concepción PÉREZ VILLALOBOS, La cultura de los derechos fundamentales en Europa. Los derechos de los inmigrantes extracomunitarios y el nuevo concepto de ciudadania, *in Derecho Constitucional y Cultura. Estudios en homenaje a Peter Häberle,* Francisco Balaguer Callejón (coord.), Madrid, 2004, pp. 701 segs.

por outro lado, a dimensão universalista dos direitos fundamentais na Constituição Portuguesa, ancorada no artigo 12.º, fundada no princípio da dignidade da pessoa humana (artigo 1.º) e ecoando a Declaração Universal dos Direitos do Homem (artigo 16.º/2)[56].

Nas páginas que se seguem, tentaremos resumir os aspectos principais do estatuto administrativo e constitucional dos imigrantes, partindo da Constituição e da Lei da Imigração actualmente em vigor – mais precisamente, Lei dos Estrangeiros (Lei 23/2007, de 4 de Julho = LI)[57]. Esta última precisão é importante, dado que a Lei não define imigrante – e praticamente não usa o termo. Para alcançar tal objectivo, há que arriscar alguns passos prévios no sentido de delimitar, subjectiva e objectivamente, o tema deste estudo (**I.**). Uma vez esclarecidos os conceitos operativos, cumpre deixar algumas considerações sobre o estatuto jusfundamental dos imigrantes (**II.**). Então poderemos prosseguir para a análise do quadro de competências das autoridades administrativas relativas à entrada, permanência e expulsão de imigrantes (**III.** e **IV.**).

---

[56] Neste sentido, José MARTÍNEZ DE PISÓN, Derechos de la persona..., *cit.*, pp. 47 e 71 segs; José Alberto de MELO ALEXANDRINO, A nova lei de entrada, permanência, saída e afastamento de estrangeiros, *in RFDUL,* 2008/1-2, pp. 69 segs.

[57] Desenvolvidamente sobre o quadro legal delineado por esta Lei, José Alberto de MELO ALEXANDRINO, A nova lei de entrada..., *cit., passim,* e a Legispédia (anotação SEF à LI), disponível para consulta em http://sites.google.com/site/leximigratoria .

I
Delimitação prévia do objecto: Quem é *imigrante*

Como se apontou, a LI não fornece qualquer definição de *imigrante*. A Lei utiliza a expressão *imigrante empreendedor* uma vez (no artigo 60.º/2), e menciona o conceito *imigração ilegal* apenas numa secção (V.), não cedendo qualquer pista sobre o seu significado. Daí que sejamos forçadas a construir um conceito operativo de imigrante para os fins desta exposição. Esta tarefa será levada a cabo através de um raciocínio pela negativa, excluindo gradualmente algumas categorias de pessoas até se chegar ao universo com o qual iremos trabalhar.

a) Em primeiro lugar, os imigrantes não são cidadãos portugueses. Um imigrante é um estranho, alguém que não é "um de nós"[58] – o outro[59]. Isto não significa que não possam tornar-se cidadãos portugueses. A aquisição da cidadania portuguesa por imigrantes é possível nos termos da Lei 37/81, de 3 de Outubro (alterada pela 4.ª vez e republicada pela Lei Orgânica 2/2006, de 17 de Abril[60]), nas hipóteses seguintes:

---

[58] Para uma perspectiva histórica da relação entre o Estado e os estrangeiros, Cecilia CORSI, Lo Stato e lo straniero, Milão, 2001, pp. 1 segs.

[59] Pode questionar-se se um apátrida pode ser considerado imigrante; no entanto, desde que não sejam cidadãos portugueses [em que se tornarão automaticamente caso nasçam em Portugal (cfr. o artigo 1.º/f) da Lei 37/81, de 3 de Outubro), ou caso pretendam adquirir a cidadania portuguesa, nos termos da mesma lei], são estrangeiros e podem, subsequentemente, tornar-se imigrantes. No artigo 4.º/1, a LI declara-se aplicável a estrangeiros e apátridas.

[60] Esta lei alargou grandemente as possibilidades de naturalização, e é vista como um contributo para a integração dos imigrantes (através da perda da condição de estrangeiro) – veja-se Jorge PEREIRA DA SILVA, "Culturas da cidadania" – Em torno de um acórdão do TC e

i.) Originariamente: pelo nascimento em território português (artigo 1.º/1/d), e)[61] e f)];

ii.) Não originariamente: por declaração, adopção ou naturalização [artigos 2.º, 3.º e 4.º; 5.º; e 6.º, respectivamente].

Não querendo entrar em detalhes, deve observar-se que existem pressupostos temporais a verificar previamente à aquisição da cidadania: por exemplo, se por declaração subsequente ao casamento, apenas três anos após a data do casamento[62], desde que o casamento subsista (artigo 3.º/1)[63]; se por naturalização, caso o estrangeiro tenha

---

da nova lei da nacionalidade, Anotação ao Acórdão do TC 599/2005, *in JC*, n.º 11, 2006, pp. 81 segs, *maxime* 85 segs.

Deve observar-se que a integração tem em vista, primordialmente, a sociedade portuguesa, mas constitui também, no plano secundário, uma via de penetração nas sociedades de outros Estados-membros, em virtude da aquisição automática da (dupla) cidadania europeia. Sobre a relação entre cidadania, identidade e integração, dando conta da transformação na cidadania nas dimensões de *status*, direitos e identidade, C. JOPPKE, Transformation of Citizenship: Status, Rights, Identity, *in Citizenship Studies*, 2007/1, pp. 37 segs., onde o autor identifica uma tendência para a liberalização do acesso à cidadania nos Estados ocidentais.

Betty de HART faz alusão a uma tendência europeia, recentemente identificada, no sentido de dificultar o acesso à cidadania por imigrantes de segunda geração, tendência esta que parece apontar para uma mudança de paradigma – o acesso à nacionalidade deixa de ser um instrumento para facilitar a integração para passar a ser a "coroação" de um processo de integração bem sucedido (Recent trends in European Nationality Laws: a restrictive turn?, Relatório apresentado ao Comité de Assuntos Constitucionais do Parlamento Europeu, PE 408.301, disponível para consulta em http://www.europarl.europa.eu/document/activities/cont/ 200807/20080702ATT33276/20080702ATT33276EN.pdf, último acesso em Março de 2010).

[61] A hipótese descrita nesta alínea constitui, na verdade, uma mistura entre reconhecimento e aquisição, pois o indivíduo tem que declarar querer ser reconhecido como português desde o dia em que nasceu – o que significa que, se ninguém (os seus pais, nomeadamente) fizer essa declaração em vez dele, só quando atingir a maioridade pode tal declaração ser feita e a cidadania portuguesa ser registada – veja-se o artigo 21.º/5 (com os efeitos prescritos no artigo 11.º: desde o nascimento) e também o artigo 211.º da LI (comunicação ao Serviço de Estrangeiros e Fronteiras). Deve sublinhar-se, todavia, que um estrangeiro nascido em Portugal e com residência no território não pode ser expulso, garantia que consta do artigo 135.º/a) da LI – idêntica (e semelhante) àquela de que gozam os cidadãos portugueses, nos termos do artigo 33.º/1 da CRP.

[62] O artigo 186.º da LI, comina com pena que pode chegar até aos 4 anos de prisão o comportamento de alguém que contrai casamento apenas para obter um visto, uma autorização de residência ou a cidadania portuguesa (o chamado "casamento de conveniência").

[63] A união de facto equivale ao casamento, de acordo com o artigo 3.º/3. A situação tem que ser judicialmente reconhecida previamente à requisição da cidadania portuguesa pelo cônjuge estrangeiro.

residência legal em Portugal há pelo menos seis anos (entre outros pressupostos: cfr. o artigo 6.º/1[64])[65]. O conhecimento da língua é fulcral, caso a pessoa tenha atingido a maioridade [artigo 6.º/1/c)]; se for menor, o facto de ter tido contacto com o país ou com o sistema de ensino – conforme se estabelece no artigo 6.º/2/a) e b) – funda a presunção de que a conexão é suficientemente forte para filiar o vínculo da cidadania[66].

b) Em segundo lugar, os cidadãos de Estados-membros da União Europeia não estão sujeitos à LI – assim, não são considerados nem estrangeiros nem imigrantes. A razão da diferenciação deriva do Tratado da União Europeia, que reconheceu a cidadania europeia para fins económicos e políticos. Só o Estado português tem competência para estabelecer critérios de atribuição de cidadania[67]; porém, a extensão subjectiva desta competência fica sensivelmente perturbada pela existência de um vínculo de *cidadania de sobreposição*[68], a qual depende de uma prévia atribuição de um vínculo nacional. Por outras palavras e apelando a uma imagem de George Orwell: em Portugal (como em qualquer outro Estado-membro da União), há estrangeiros mais estrangeiros que outros[69]...

---

[64] Confrontando o artigo 6.º/1 da Lei da Nacionalidade com o artigo 126.º da LI, relativo à atribuição do estatuto de residente de longa duração, pode concluir-se que os pressupostos do segundo são muito mais exigentes do que os do primeiro – ou seja, é mais fácil adquirir a cidadania portuguesa do que obter o estatuto de residente de longa duração...

[65] Mas atente-se nas excepções à regra dos seis anos de residência nos n.ºs 3, 4, 5 e 6 do artigo 6.º.

[66] Um aspecto importante do regime de acesso à cidadania portuguesa é a possibilidade de *dupla (ou pluri) cidadania*, ainda que só a portuguesa releve face à nossa ordem jurídica (artigo 27.º da Lei da Nacionalidade). Isto significa que não estão excluídas as "múltiplas pertenças", o que também favorece o acesso à cidadania e a integração. Sobre as questões relativas à identidade, cidadania e pertença, cfr. Roberta MEDDA-WINDISCHER, Old and new minorities..., *cit.,* pp. 68 segs. Sobre a dupla cidadania, traçando a sua evolução desde o desfavor e a excepcionalidade até à aceitação recente, e debatendo a possibilidade de constituir um direito humano, Peter J. SPIRO, Dual citizenship as human right, in *I.CON*, 2010/1, pp. 111 segs.

[67] Acerca do fundamento desta competência estadual, cfr. Emilio CASTORINA, Introduzione allo studio della cittadinanza, Milão, 1997, pp. 7 segs.

[68] Cfr. José Joaquim GOMES CANOTILHO, Enquadramento..., *cit.,* p. 162.

[69] Isto sucede desde 1993, ano no qual o DL 60/93, de 3 de Março regulou, pela primeira vez, as condições de entrada, permanência e saída do território de cidadãos europeus (hoje substituído pela Lei 37/2006, abaixo mencionada no texto).

A necessidade de garantir especiais condições de liberdade de circulação, residência e acesso ao trabalho justifica a existência de um regime jurídico autónomo aplicável a cidadãos da União: a Lei 37/2006, de 9 de Agosto (que transpôs a directiva 2004/38/CE, do Parlamento Europeu e do Conselho, de 29 de Abril). Cumpre ressaltar que este regime se aplica a cidadãos suíços e a cidadãos de Estados parte do Espaço Económico Europeu (Islândia, Noruega e Lichenstein), nos termos do artigo 3.º/4 da Lei 37/2006, bem assim como a qualquer membro da família de um cidadão português, independentemente da sua cidadania (artigo 3.º/5 da Lei 37/2006).

Fundamentalmente, a diferença de tratamento entre estrangeiros de Estados terceiros e estrangeiros com cidadania europeia e categorias equivalentes prende-se com:

i.) O facto de os últimos não necessitarem de visto para entrar em Portugal (um documento de identificação é suficiente: artigo 4.º da Lei 37/2006) – os primeiros precisam de visto;

ii.) O facto de os cidadãos europeus e membros das suas famílias poderem estabelecer residência em Portugal durante três meses sem qualquer formalidade (cfr. o artigo 6.º da Lei 37/ 2006) – estrangeiros de terceiros Estados necessitam de um visto de curta duração ou de visto de residência. Os cidadãos brasileiros não necessitam de visto (de turismo) até três meses e beneficiam de uma prerrogativa especial à sombra do artigo 217.º/5 da LI e do artigo 6.º/2 do Acordo entre a República Portuguesa e a República Federativa do Brasil sobre a contratação recíproca de nacionais, assinado em Lisboa entre Portugal e Brasil em 1 de Julho de 2003: não necessitam de visto de trabalho, uma vez que os pedidos com vista à obtenção deste são convolados em pedidos de autorização de residência temporária[70] (cfr. o artigo 217.º/5 da LI)[71];

---

[70] Nos termos do artigo 84.º da LI, o título de residência substitui o bilhete de identidade; deve atentar-se, todavia, no quadro estabelecido no Tratado de Porto Seguro, assinado naquela cidade entre Brasil e Portugal em 2000 (aprovado para ratificação pela Assembleia da República pela Resolução 83/2000, de 28 de Setembro, e ratificado pelo Decreto do Presidente da República 79/2000, de 14 de Novembro). O DL 154/2003, de 15 de Julho dá execução a este Tratado e estabelece a mesma equivalência entre autorizações de residência e documentos de identificação (artigo 5.º/1). No entanto, o exercício de direitos

iii.) O facto de os cidadãos europeus e membros das suas famílias poderem obter autorizações de residência de longa duração de cinco anos se trabalharem em Portugal, ou se possuírem meios de subsistência autónoma para si e suas famílias e tiverem subscrito seguro de saúde (quando exigido no país de origem a cidadãos portugueses que aí residam em circunstâncias idênticas); ou se estudarem num estabelecimento de educação público ou privado, legalmente reconhecido, e se tiverem meios de subsistência autónoma e se tiverem subscrito um seguro de saúde (quando exigido no país de origem a cidadãos portugueses que aí residam em circunstâncias idênticas[72]). Já aos estrangeiros de Estados terceiros se pede o preenchimento de mais requisitos com vista à obtenção de títulos de residência, temporários ou permanentes[73];

iv.) O facto de os cidadãos europeus e suas famílias adquirirem o direito a residir em permanência em Portugal após cinco anos consecutivos de estadia[74], e beneficiarem a partir daí de um regime de protecção especial contra decisões de afastamento, só possível se baseado em razões sérias de segurança ou ordem pública[75] – e caso tenham residência em Portugal nos últimos dez anos ou sejam menores, as autoridades podem apenas invocar razões imperativas de segurança pública para os expulsar[76]. Sensivelmente diferente – e mais frágil – é a situação vivida por estrangeiros de Estados terceiros munidos de autorização de residência permanente – embora não possam ser arbitrariamente expulsos, como o artigo 134.º da LI demonstra. Quanto a imigrantes com estatuto de residentes de longa duração, a sua situação é idêntica à dos cidadãos europeus (veja-se o artigo 136.º/1 da LI).

---

políticos a que alude este Tratado, nomeadamente o direito de eleger e ser eleito em eleições locais, pressupõe uma estadia de pelo menos 3 anos (artigo 5.º/2 do Tratado), o que significa que a equivalência não é imediata em todos os casos.

[71] No que concerne à dispensa de visto, chama-se a atenção para as situações especiais referenciadas nos artigos 122.º e 123.º da LI.

[72] Artigos 10.º, 7.º/1 (e 2), e 14.º da Lei 37/2006.

[73] Vejam-se os artigos 77.º e 80.º da LI.

[74] Artigos 10.º e 13.º da Lei 37/2006.

[75] Artigo 23.º/2 da Lei 37/2006.

[76] Artigo 23.º/3 da Lei 37/2006.

Estas notas breves atestam que os estrangeiros em Portugal não são objecto de tratamento homogéneo, e que os cidadãos europeus (e categorias equivalentes) detêm um estatuto especial comparativamente com cidadãos de Estados terceiros.

O estatuto dos nacionais de países terceiros tem sido uma questão "sensível" na integração europeia. A coexistência de diferentes estatutos levanta a questão da desigualdade de tratamento entre cidadãos da União e nacionais de países terceiros, muitos dos quais residiram toda a sua vida no território da União e aí têm desenvolvido a sua vida pessoal e a sua actividade profissional.

Em 1999, o Conselho Europeu de Tampere adoptou um programa para o estabelecimento progressivo de uma área de liberdade, segurança e justiça, acentuando a necessidade de uma abordagem compreensiva da gestão dos fluxos migratórios bem como de combater o racismo e a xenofobia e de aprofundar o igual tratamento de nacionais de países terceiros, em especial dos residentes legais no território da União por um período de tempo a determinar[77]. Seguiu-se um movimento no sentido do reforço da aproximação do seu estatuto ao dos cidadãos dos Estados membros, por razões de igualdade de tratamento, movimento este visível em instrumentos recentes[78] e, sobretudo, na Directiva 2003/109/CE, já citada, sobre o estatuto dos residentes de longa duração nacionais de países terceiros[79], que veio fixar em 5 anos o período de residência legal para reconhecer ao

---

[77] Como se lê nas *Conclusões da Presidência,* Ponto A.III.21.,
"O estatuto jurídico dos nacionais de países terceiros deverá ser aproximado do dos nacionais dos Estados-Membros. A uma pessoa que tenha residido legalmente num Estado-Membro durante um período de tempo a determinar e possua uma autorização de residência prolongada deverá ser concedido, nesse Estado-Membro, um conjunto de direitos uniformes tão próximos quanto possível dos usufruídos pelos cidadãos da UE; esses direitos deverão incluir nomeadamente o direito de residência, de acesso ao ensino e de trabalhar por conta própria ou de outrem, bem como o princípio da não discriminação relativamente aos cidadãos do Estado de residência. O Conselho Europeu subscreve o objectivo que consiste em oferecer aos residentes nacionais de países terceiros detentores de autorizações de residência prolongada a possibilidade de obterem a nacionalidade do Estado-Membro em que residem" (disponível para consulta em http://www.europarl.europa.eu/summits/tam_pt.htm, acedido em 1 de Março de 2010).

[78] Sobre direitos de cidadania na *Carta dos Direitos Fundamentais da União Europeia* e extensão de alguns destes a nacionais de países terceiros, v. Roberta MEDDA-WINDISCHER, Old and new minorities..., *cit.,* p. 170.

[79] Sobre a origem, elaboração e conteúdo desta Directiva, v. John HANDOLL, The Long--Term Residents Directive, in *European Yearbook of Minority Issues,* 2004/5, pp. 389 segs.

nacional de Estado terceiro o estatuto de residente de longa duração, comportando direitos equiparáveis aos dos cidadãos europeus[80].

Não obstante estes passos positivos no sentido da integração dos nacionais de Estados terceiros, em especial dos residentes de longa duração, persistem algumas dificuldades – o acesso à cidadania da União depende do *status* de nacional de um Estado Membro e, apesar do reforço do estatuto dos nacionais de países terceiros, subsiste um défice de inclusão cívica, dado que os seus direitos políticos e eleitorais permanecem ainda bastante limitados.

Esta questão cruza-se, pois, com a questão da cidadania europeia e do seu carácter excludente. Entre as vias por vezes apontadas para superar a exclusão dos nacionais de países terceiros está a mudança das leis de nacionalidade dos Estados facilitando a aquisição da cidadania nacional (matéria de decisão estadual), ou o alargamento do âmbito pessoal da cidadania da União, passando a abranger pessoas que residam legalmente no território há um determinado número de anos ("ligação efectiva"). A discussão em torno dos conceitos de "cidadania europeia multicultural" e de "cidadania cívica" como instrumentos de promoção da integração de imigrantes que não têm a cidadania de um Estado Membro[81] sugere a substituição do critério "nacionalidade" pelo critério "residência", permitindo medir o grau de integração dos imigrantes pelos *direitos de cidadania* mais que pelo *estatuto nominal de cidadania*[82].

Do que se trata, afinal, é da sensível questão da (determinação dos critérios de) pertença a uma determinada comunidade política, ou seja, de saber o que significa *ser cidadão na, e da, Europa*[83].

Mas, estaremos em condições de afirmar que todos os cidadãos não portugueses, não cidadãos europeus nem pertencentes a categorias equivalentes (nos termos da lei), que se encontram em Portugal, são imigrantes? A resposta é negativa, por três razões:

---

[80] Veja-se em especial o artigo 11.º da Directiva. Fazendo um balanço pouco auspicioso desta, Louise HALLESKOV, The Long-Term Residents Directive: A Fullfilment of the Tampere Objective of Near-Equality, in *EJML*, 7(2005), pp. 18 segs. Veja-se ainda Thomas GROSS, Integration of Immigrants..., *cit.*.

[81] Sobre este conceito, ver a Comunicação da Comissão, *Uma Agenda Comum para a Integração. Quadro para a Integração de Nacionais de Estados terceiros na União Europeia*, 1 de Setembro de 2005, COM (205) 389.

[82] Roberta MEDDA-WINDISCHER, Old and new minorities..., *cit.*, pp. 56-57 e 68 segs., e Patrícia JERÓNIMO, Imigração..., *cit.*, pp. 14 segs.

[83] Roberta MEDDA-WINDISCHER, Old and new minorities..., *cit.*, pp. 69 segs.

i.) A condição de imigrante envolve a determinação de uma *vontade livre* no abandono do país de origem no sentido de ir para outro Estado em busca de trabalho, educação ou qualquer outro propósito que traduza uma intenção de valorização individual. Por outras palavras, é uma escolha – ainda que por vezes possa ser difícil sustentar esta ideia em casos de pessoas que abandonam países em circunstâncias de extrema pobreza. Donde, um refugiado ou um asilado político não devam ser considerados imigrantes –, nem, tão--pouco, as vítimas de tráfico humano[84];

ii.) A vontade de deixar o país de origem deve ser fruto de autodeterminação, não de hetero-determinação – ou seja, não deve constituir um dever profissional. É por isso que a LI exclui diplomatas, bem como membros de organizações internacionais (e respectivas famílias, e pessoal auxiliar) da obrigação de obter autorizações de residência[85];

iii.) Ser imigrante implica uma desvinculação ao país de origem e o estabelecimento de uma nova conexão – mais ou menos intensa – com a comunidade do país de acolhimento. Essa conexão materializa-se ao longo de um certo período de tempo, certamente superior a uma visita de curta duração. Por outras palavras, os turistas não são imigrantes em Portugal porque não vêm com a intenção de ficar: na expressão de Paul Bowles, no romance *The sheltering sky* (comparando turistas a viajantes), um turista regressa sempre a casa, após algumas semanas ou meses de viagem.

Então a última questão seria: quanto tempo deve a estadia durar e que objectivos deve o imigrante acalentar relativamente ao país de acolhimento? Considerando os tipos de visto que a LI enuncia, pode afirmar-se que um imigrante é alguém a quem é concedida uma autorização de residência permanente [artigos 74.º/1/a), 76.º e 80.º], ou alguém a quem é reconhecido o estatuto de residente de longa

---

[84] A LI suporta este raciocínio: vejam-se os artigos 4.º/2/b) e 109.º/2 e 5 (para vítimas de tráfico humano).

[85] Outros exemplos de "imigração forçada" podem ver-se em Jorge GASPAR, A autorização..., *cit.*, pp. 966-967.

duração, nos termos dos artigos 125.º e segs (cfr. espec. o artigo 126.º) – ou, se pensarmos em imigrantes ilegais, alguém que vive no país durante pelo menos cinco anos, apesar de ilegalmente. Em bom rigor, ambos os casos pressupõem uma estadia prévia de cinco anos antes da atribuição do título, o qual não tem limite de validade [embora deva ser revalidado de cinco em cinco anos: artigos 76.º/2, 129.º/8 e 130.º/2 da LI] – o mesmo período, afinal, que necessitam os cidadãos europeus para lhes verem reconhecido o direito de viver permanentemente em Portugal. A diferença entre os dois títulos reside fundamentalmente no nível de domínio da língua: conhecimento básico, para obter a autorização; fluência para o reconhecimento do estatuto de residente de longa duração (cfr. os artigos 80.º/1/e) e 126.º/1/e) da LI)[86].

Tendo em consideração a necessidade de delimitar o universo subjectivo desta abordagem, vamos assumir que *um imigrante é um estrangeiro que reside (legalmente) em Portugal há pelo menos cinco anos, não necessariamente a trabalhar mas detendo meios de subsistência suficientes para si e para prover às necessidades familiares (se for o caso) de modo a não onerar o sistema de segurança social nacional, e que consequentemente solicitou e obteve uma autorização de residência permanente ou o estatuto de residente de longa duração*. Antes de decorrido tal período, o estrangeiro em Portugal não passa de um turista ou de um visitante.

---

[86] Diferença que se esbate na redacção idêntica dos artigos 64.º/1/e) e 74.º/1/g) do Decreto Regulamentar 84/2007, de 5 de Novembro, que regulamenta a LI.

A Portaria 1262/2009, de 15 de Outubro, criou os *cursos de português para falantes de outras línguas*, estabelecendo as regras a que obedece a sua leccionação e certificação (artigo 1.º/1). Assumindo a importância do conhecimento da língua do país de acolhimento como condição de integração e "desenvolvimento pessoal, familiar, cultural e profissional" (v. *Preâmbulo*), a Portaria visa ainda responder às exigências do regime jurídico da Nacionalidade e da LI no que diz respeito à concessão da autorização de residência permanente e do estatuto de residente de longa duração (artigos 80.º e 126.º da LI) quanto ao requisito do conhecimento da língua portuguesa, dispondo no artigo 5.º que *a obtenção do nível A2 de proficiência linguística do utilizador elementar ou superior faz prova do conhecimento de língua portuguesa (...) e nos termos do disposto nas alíneas e) do n.º 1 do artigo 64.º e g) do n.º 1 do artigo 74.º do Decreto Regulamentar n.º 84/2007, de 5 de Novembro, que regulamenta o regime jurídico de entrada, permanência, saída e afastamento de estrangeiros do território nacional.*

Cumpre, assim, realçar três aspectos: *primo*, a condição de imigrante é de sedimentação gradual – um estrangeiro não é imigrante, *torna-se* imigrante (cfr. **III**.); *secundo*, de acordo com a perspectiva adoptada, o factor tempo é decisivo para qualificar um imigrante, mais até do que o procedimento administrativo – porque um estrangeiro pode ser um imigrante de uma perspectiva *material* mas não de uma perspectiva *formal*: por isso há imigrantes legais e ilegais[87]; *tertio*, ser *imigrante* – e não um simples visitante – envolve tempo e o estabelecimento de uma ligação à comunidade mas não implica um estado perpétuo, uma vez que os imigrantes podem ficar no país de acolhimento para a vida, mas é-lhes também permitido adquirir cidadania portuguesa, perdendo então o estatuto de imigrante. E, naturalmente, podem regressar a casa.

Como já se referiu, o controlo da imigração assenta no poder estadual soberano de decidir sobre a entrada de estrangeiros no seu território. Nos artigos 32.º e 33.º, a LI estabelece situações de recusa de entrada em território nacional. As hipóteses de recusa de entrada aí descritas prendem-se com questões de segurança pública (interna e externa) e podem assentar em suspeitas (embora estas devam ser "fortes")[88] sobre a possível prática de actos contrários à ordem pública e à segurança interna e externa. A protecção da saúde pública também pode ser invocada como fundamento de recusa de entrada[89].

---

[87] Esta afirmação é discutível, uma vez que devemos admitir que, de um certo ponto de vista, um imigrante é alguém a quem o Estado reconheceu um direito de estar no seu território – nesse caso, melhor seria falar de *visitantes* ilegais, que nunca obtiveram um estatuto formal de imigrantes. A entender-se assim, imigrantes ilegais seriam apenas os que, uma vez legais, houvessem perdido o estatuto. Na prática, porém, fala-se de imigrantes ilegais quer a propósito de cidadãos estrangeiros que tenham entrado ilegalmente em Portugal, quer relativamente a imigrantes legais que se tornaram ilegais (porque as autorizações que detinham foram canceladas, devido à perda do estatuto de residente de longa duração, por força de expulsão...). No texto, embora partamos de um conceito restrito de imigrante (legal), quando abordarmos a expulsão, teremos também em mente *visitantes* ilegais (cfr. **IV.**).

[88] Questionando, à face do regime anterior, a conformidade da recusa de entrada com base *em fortes indícios de terem sido praticados factos puníveis graves ou de que tencionam praticar factos puníveis graves* (artigo 25.º do DL 244/98) com "as exigências de certeza que a Constituição impõe aos actos legislativos", v. Carlota Pizarro de Almeida, Exclusões formais, exclusões materiais – o lugar do outro; discriminações contra imigrantes, *in RFDUL*, 2005, pp. 37 segs.

[89] De acordo com José Alberto de Melo Alexandrino, A nova lei de entrada..., *cit.*, pp. 83-84, o artigo 32.º/2 é demasiado vago quando se refere a "outras doenças contagiosas

O n.º 3 do artigo 33.º estabelece que *podem* ser indicados para efeitos de não admissão os cidadãos estrangeiros que tenham sido condenados por sentença com trânsito em julgado em pena privativa de liberdade de duração não inferior a um ano, ainda que esta não tenha sido cumprida, ou que tenham sofrido mais de uma condenação em idêntica pena, ainda que a sua execução tenha sido suspensa. No regime jurídico anterior, estabelecia-se a recusa automática de entrada aos estrangeiros indicados para efeitos de não admissão na lista nacional em virtude de condenação em pena privativa de liberdade de duração não inferior a um ano (artigo 25.º/1/c) do DL 244/98), o que esteve na origem de um pedido ao Tribunal Constitucional, da iniciativa do Provedor de Justiça, de fiscalização abstracta sucessiva da constitucionalidade da norma, com base no facto de, tratando-se de uma consequência automática, não permitindo qualquer ponderação, violar o artigo 30.º/4 da CRP[90].

No **Acórdão 232/04**[91], o Tribunal Constitucional não se pronunciou sobre a norma em causa, entretanto alterada (com alcance em parte semelhante), considerando não haver interesse na sua apreciação, mas sempre observou que

"O problema situa-se, pois, em momento anterior ao da entrada e permanência, legalmente válidas, do estrangeiro em território nacional, isto é, em momento anterior ao da génese, na esfera jurídica do cidadão estrangeiro, de um qualquer direito civil, profissional ou político conferidos pela ordem jurídica portuguesa. Não há que convocar, por conseguinte, o disposto no artigo 15.º, n.º 1, da Constituição, pois o princípio de equiparação aí previsto é circunscrito aos estrangeiros que se encontrem ou residam em território nacional – o que não é o caso daquele que pretenda entrar em Portugal, mas que tal entrada lhe seja interdita; a esse aplicar-se-ão os standards mínimos de protecção conferidos pela ordem internacional, mas nesse âmbito de protecção não se inclui, de forma indiscriminada, absoluta ou incondicional, o direito de entrada e permanência no território de um Estado"[92].

---

ou infecciosas detectadas em território nacional". Esta norma é semelhante à do artigo 18.º da Directiva 2003/109/CE, mas esta última é, cremos, mais enfática na garantia de não-discriminação.

[90] Cfr. o pedido de fiscalização da constitucionalidade R-4528/99 (disponível para consulta em www.provedor-jus.pt, acedido em 1 de Agosto de 2009).

[91] Salvo indicação diferente, os Acórdãos do Tribunal Constitucional referidos ao longo do texto estão disponíveis para consulta em www.tribunalconstitucional.pt .

[92] Contra a decisão de não apreciação pronunciou-se, em voto de vencido, o Juiz Conselheiro Mário Torres. No seu voto de vencido pode ler-se que "não é exacto que o princípio da equiparação consagrado no artigo 15.º, n.º 1, só valha para os estrangeiros que

A não consagração do carácter automático da recusa de entrada é, cremos, mais conforme ao princípio constitucional da dignidade da pessoa humana e à *ratio* da norma do artigo 30.º/4 da CRP[93]. A solução da LI não só dá abertura para a ponderação (artigo 33.º/3) como estabelece limites absolutos à recusa de entrada (artigo 36.º), com vista à protecção dos direitos fundamentais à vida privada e familiar do estrangeiro, que prevalecem sobre os interesses públicos, *v.g.* de segurança, eventualmente em causa (artigo 36.º da CRP)[94].

Mas poderá verdadeiramente falar-se de um *direito fundamental à (entrada e) permanência do estrangeiro no Estado de destino*[95]?

A resposta é, em geral, *negativa* – é pacífica a inexistência de um direito a entrar no território de um Estado, reconhecendo-se a este o poder de determinar quem entra e permanece dentro das suas fronteiras (como manifestação de soberania), doutrina que merece

---

residam ou se encontrem em Portugal em situação regular. O Tribunal Constitucional já decidiu que, de acordo com esse princípio, estrangeiros que não residam nem se encontrem em Portugal, mas que tenham uma conexão relevante com a ordem jurídica portuguesa, podem gozam de direitos, como, por exemplo, o de apoio judiciário (...). E, mesmo quanto aos estrangeiros em situação irregular, jamais lhes poderão ser negados os direitos constitucional e legalmente consagrados que assentem na dignidade da pessoa humana (...)".

[93] Cfr. Anabela Leão, Expulsão de estrangeiros com filhos menores a cargo (Anotação ao Acórdão 232/04 do Tribunal Constitucional), in *Jurisprudência Constitucional,* n.º 3, 2004, pp. 25 segs., 29-30.
Sobre a questão do carácter automático das consequências da condenação face ao art. 53.º/2 da LI (de acordo com o qual *o parecer prévio do SEF à concessão de visto, nos casos em que é exigido (artigo 53.º/1), será negativo caso o requerente tenha sido condenado em Portugal, por sentença transitada em julgado, em pena de prisão superior a 1 ano, ainda que não cumprida, ou se tiver sofrido mais que uma condenação, em pena idêntica, ainda que suspensa na sua execução*) e da articulação entre esta norma e a do 33.º/3 da LI, v. anotação *Legispédia* ao artigo 53.º/2 da LI (disponível em http://sites.google.com/site/leximigratoria, acedido em Abril de 2010).

[94] Excedendo mesmo a jurisprudência do Tribunal Europeu dos Direitos do Homem em sede do artigo 8.º da Convenção Europeia dos Direitos do Homem, veja-se *Legispédia*, anotação ao artigo 36.º da LI (disponível para consulta em http://sites.google.com/site/leximigratoria/legisp%C3%A9dia-sef, acedido em 1 de Agosto de 2009).

[95] Sobre a questão, Olivier Lecucq, Existe-t-il un droit fondamental au séjour des étrangers?, in *Renouveau du droit constitutionnel. Mélanges en l'honneur de Louis Favoreu*, 2007, pp. 1637 segs. Face ao direito francês, o Autor entende que não existe um direito *autónomo* a (entrar e) permanecer (*droit au séjour*), mas pode divisar-se um tal direito *por mediação* de outros direitos, tais como o direito à protecção da vida privada e familiar, o qual limita a margem de liberdade reconhecida ao Estado de determinar o afastamento de estrangeiros do seu território.

acolhimento no Protocolo n.º 4 à Convenção Europeia dos Direitos do Homem. Não obstante, existe um direito do estrangeiro a não ser arbitrariamente expulso do território nacional[96], e o Tribunal Europeu dos Direitos do Homem tem considerado que, não obstante o Estado ter o poder de decidir quem admite nas suas fronteiras, não está desvinculado das suas obrigações no âmbito da Convenção. Assim, do direito à vida privada e familiar (artigo 8.º) e de outros direitos previstos na Convenção (proibição da sujeição a penas ou tratamentos cruéis degradantes ou desumanos, ou o direito a um recurso efectivo – artigos 3.º e 13.º, respectivamente) podem resultar condicionamentos ao poder de expulsão do Estado[97], a que acrescem os limites previstos no Protocolo n.º 7. Esta jurisprudência é frequentemente citada pelo Tribunal Constitucional português, que também se pronunciou já no sentido de a protecção da vida familiar determinar limites ao poder estadual de expulsão[98].

Da análise das disposições da LI verifica-se que não só há limites absolutos à expulsão, enunciados no artigo 135.º como, fora desses casos e tratando-se de residente de longa duração, antes de ser tomada a decisão de expulsão deve ter-se em conta a duração da residência no território, a idade da pessoa em questão, as consequências para a pessoa e seus familiares e os laços com o país de residência ou a ausência de laços com o país de origem (nos termos do n.º 2 do artigo 136.º). Também entre os limites à recusa de entrada (artigo 36.º) se referem o nascimento e residência em território português e a protecção da relação parental efectiva. Ou seja, a margem de decisão dos poderes públicos (seja das autoridades administrativas, seja dos tribunais), está limitada pela protecção conferida à ligação do indivíduo ao Estado em que reside (e eventualmente nasceu) e no qual desenvolveu a sua vida pessoal e familiar. E esta protecção prima sobre os eventuais interesses públicos no afastamento do território.

---

[96] Cfr., a propósito, José Joaquim GOMES CANOTILHO, Enquadramento..., cit., p. 531.

[97] Sobre a questão, Paulo Manuel COSTA, A protecção dos estrangeiros pela Convenção Europeia dos Direitos do Homem perante processos de asilo, expulsão e extradição – a jurisprudência do Tribunal Europeu dos Direitos do Homem, in ROA, n.º 60, 2000, pp. 497 segs., e Ireneu Cabral BARRETO, A Convenção Europeia dos Direitos do Homem, Anotada, 3.ª ed., Coimbra, 2005, anotação aos artigos referidos e jurisprudência aí citada.

[98] Cfr. o Acórdão 232/04 do Tribunal Constitucional, cit..

Ora, pelo menos nestas situações, cremos existir um direito fundamental à entrada e permanência em território nacional. Podemos considerar que se trata de um direito estabelecido *por mediação*[99] dos direitos ao respeito pela vida privada e familiar e à integridade pessoal (associados à protecção da estabilidade dos laços pessoais e familiares), mas julgamos que a cláusula aberta do artigo 16.º/1 da CRP nos permite aqui reconhecer um direito *materialmente* fundamental[100], de fonte simultaneamente legal e jurisprudencial. Da protecção desta "vida" desenvolvida em território português – em conformidade, desde logo, com os artigos 26.º e 36.º da CRP – resultam limites ao poder de expulsão, que cabe ao legislador e aos tribunais concretizar[101].

---

[99] *Vide* Olivier Lecucq, Existe-t-il un droit fondamental ..., *cit.*.

[100] José de Melo Alexandrino, A nova lei..., *cit.*, pp. 88-89, considera a definição das excepções ao poder de expulsão do artigo 135.º como configurando direitos (dimensões de direitos) materialmente fundamentais (artigo 16.º/1 da CRP) por neles se manifestarem os traços essenciais da fundamentalidade material, concluindo que, nestes casos, acaba por ter de reconhecer-se um *direito à residência em território nacional*.

[101] Sobre a compressão da prerrogativa soberana do Estado de recusar a entrada no seu território em virtude do direito ao reagrupamento familiar, caracterizado face à CRP como direito fundamental em virtude da sua relação com o direito à (protecção da) vida familiar, *vide* Ana Rita Gil, Um caso de europeização do Direito constitucional português: a afirmação de um direito fundamental ao reagrupamento familiar, *in RDP*, ano I, n.º 2, Julho/Dezembro de 2009, pp. 9 segs.

II
Os imigrantes na Constituição

O estatuto dos imigrantes tece-se na articulação entre vários níveis de protecção, resultantes de normas de Direito Internacional (geral e regional), de Direito comunitário e europeu e de Direito nacional – o que, aliás, se verifica *em geral* na protecção dos direitos fundamentais, numa lógica de *complementaridade*[102]. Apesar de a perspectiva deste trabalho ser a do direito interno (ou, o melhor será dizer, *de fonte interna*), será de recusar uma abordagem que desconsidere a articulação entre estes diferentes níveis de protecção complementares, sobretudo num tema, como este, em que é por demais evidente o "cruzamento" entre as diversas "constelações normativas"[103]. Aqui como em outros domínios, a abertura da nossa Constituição ao direito internacional, ao direito da União Europeia e europeu (artigo 8.º) e, em especial, a cláusula aberta de direitos fundamentais (artigo 16.º/1) e a recepção formal da Declaração Universal dos Direitos do Homem (artigo 16.º/2) revelam todas as suas potencialidades.

Começaremos, pois, pela análise do enquadramento constitucional, com destaque para o *princípio da equiparação ou do tratamento nacional*, verdadeira "pedra de toque" do sistema, essencial para a compreensão dos direitos fundamentais dos imigrantes, acompanhada da referência à jurisprudência constitucional sobre estrangeiros (**1.**).

---

[102] Sobre a questão, António VITORINO, Protecção constitucional e protecção internacional dos direitos do homem: concorrência ou complementaridade?, Lisboa, 1993.

[103] Sobre *produção multinível de direito,* cfr. José Joaquim GOMES CANOTILHO e Suzana TAVARES DA SILVA, Método multinível: "Spill-over effects" e interpretação conforme o direito da União Europeia, *in RLJ*, Ano 138, n.º 3955 (2009), pp. 182 segs.

Passaremos depois, em especial, à discussão de algumas questões concretas relacionadas com a efectivação da protecção dos direitos dos imigrantes, seja o recurso ao princípio da igualdade e proibição de discriminação (**2.**), seja a referência a mecanismos não jurisdicionais de garantia dos direitos em causa (**3.**).

1. Tal como a LI, a Constituição Portuguesa (=CRP) praticamente não menciona o termo "imigrante". A Lei Fundamental estabelece o direito de sair (artigo 44.º), mas não o direito de entrar[104]. De facto, além do artigo 74.º/2/j), onde se sedia a incumbência estadual de garantia do direito à educação dos filhos dos imigrantes, inexiste qualquer outra referência[105]. É uma ausência habitual em outros textos constitucionais, de resto. As normas de protecção relativas a imigrantes não se apresentam como tal, antes figurando como garantias de estrangeiros (que os imigrantes são, essencialmente)[106] ou de minorias (uma vez que eles normalmente conservam as suas tradições culturais e religiosas, por vezes afrontando as do Estado de acolhimento)[107] –

---

[104] Por esta razão, José Joaquim Gomes Canotilho (Enquadramento..., *cit.*, p. 159) afirma que a CRP consagra o direito de emigrar mas não o de imigrar. No artigo 44.º/2 a CRP consagra o direito de sair, de que a emigração é um corolário, e o direito de regressar. Sobre a interpretação deste artigo 44.º, v. Jorge Pereira da Silva, Direitos de cidadania e direito à cidadania. Princípio da equiparação, novas cidadanias e direito à cidadania portuguesa como instrumentos de uma comunidade constitucional inclusiva, Observatório de imigração, 5, Lisboa, ACIME, 2004, pp. 46 segs.

[105] Os direitos dos trabalhadores previstos no artigo 59.º/1 são conferidos a "todos os trabalhadores, sem distinção de idade, sexo, raça, cidadania, território de origem, religião, convicções políticas ou ideológicas".

[106] Esta é a abordagem do *Conseil d'Etat* francês – veja-se a anotação ao *arrêt* 2003-484, de 20 de Novembro de 2003, de Nicolas Ferran: La politique de maîtrise des fluxs migratoires et le respect des droits et libertés constitutionnels, in *Revue du Droit Public et de la Science Politique*, 2004/1, pp. 275 segs. –, bem como a da *Corte Costituzionale* italiana: Paolo Passaglia e Roberto Romboli, La condizione giuridica dello straniero nella prospettiva della Corte Costituzionale, in *II Jornadas Italo-españolas de Justicia Constitucional. Problemas constitucionales de la inmigración: una visión desde Italia y España* (coord. de Miguel Revenga Sánchez), Valencia, 2005, pp. 11 segs., espec. 27 segs. –, e ainda do *Tribunal Constitucional* espanhol: J. Luis Garcia Ruiz, La condición de extranjero y el Derecho Constitucional español, in *II Jornadas Italo-españolas de Justicia Constitucional. Problemas constitucionales de la inmigración: una visión desde Italia y España* (coord. de Miguel Revenga Sánchez), Valencia, 2005, pp. 489 segs., espec. 500 segs.

[107] Justificando a proximidade entre os conceitos de *imigrantes* e *minorias*, Ana Luísa Pinto e Mariana Canotilho, O tratamento dos estrangeiros e das minorias na jurisprudência

ou mesmo, como acontece na Constituição Americana, a atenção aos imigrantes decorre de normas como o artigo 1, Secção 8.ª, que lida com a competência do Congresso para legislar em sede de naturalização[108].

Na Constituição, o princípio da equiparação ou do tratamento nacional de cidadãos estrangeiros está sediado no artigo 15.º/1. Este princípio decorre dos princípios da dignidade humana (artigo 1.º) e da universalidade (artigo 12.º): todas as pessoas nascem livres e iguais, independentemente do seu local de nascimento, e devem ver-lhes reconhecidos idênticos direitos. Ressoa aqui um eco do artigo 1.º da Declaração Universal dos Direitos do Homem, o catálogo básico recebido pela nossa Constituição no artigo 16.º/2, elemento interpretativo e integrativo das normas relativas a direitos fundamentais, com vista a alcançar o máximo nível de protecção. A este quadro acrescenta-se o artigo 12.º do Pacto Internacional sobre os direitos civis e políticos, no qual se estabelecem os direitos a sair do país de origem, de entrada e livre circulação em países de acolhimento. *Last but not the least,* deve mencionar-se a proibição de expulsão, ressal-

---

constitucional portuguesa, in *Estudos em homenagem ao Conselheiro José Manuel Cardoso da Costa,* II, Coimbra, 2005, pp. 231 segs., 234. Note-se que o conceito de *minoria* não estava, tradicionalmente, associado à imigração, mas às minorias tradicionais, por vezes chamadas "velhas minorias", abrindo-se actualmente às "novas minorias" resultantes da imigração, com todas as consequências que tal implica – designadamente, quanto à possível extensão a estas minorias de instrumentos de protecção pensados para as minorias tradicionais.

Está identicamente ausente do ordenamento da União Europeia uma definição de *minorias,* ainda que alguns advoguem a sua existência. E, apesar de os "direitos das minorias" não serem matéria da competência da União, a sua actuação em certos domínios como, por exemplo, o da igualdade e não discriminação, reflecte-se necessariamente na sua situação – sobre a questão, *vide* Guido SCHWELLNUS, *"Much ado about nothing?" Minority Protection and the EU Charter of Fundamental Rights,* in *International Yearbook of Minority Issues,* vol. 6, 2007, pp. 137 segs. Consulte-se também, por exemplo, o debate de Fevereiro de 2009 promovido pelo Parlamento Europeu sobre a política da União face às minorias, nacionais e imigradas (ainda que com destaque para as primeiras), na sequência de pergunta oral à Comissão sobre as minorias tradicionais nacionais, étnicas e imigrantes na Europa (disponível para consulta em http://www.europarl.europa.eu/sides/getDoc.do?type= CRE&reference=20090203&secondRef=ITEM-014&language=PT, último acesso em Abril de 2010).

[108] "It would not make sense to allow Congress to pass laws to determine how an immigrant becomes a naturalized resident if the Congress cannot determine how that immigrant can come into the country in the first place" (disponível para consulta em http://www.usconstitution.net/constnot.html#immigration, último acesso em Abril de 2010).

vado o caso de existência de relevantes razões de interesse público e de acordo com um processo equitativo, com direito a contraditório e recurso judicial, consagrado no artigo 13.º do Pacto Internacional sobre os direitos civis e políticos: ambos penetram no catálogo da CRP através da cláusula aberta do artigo 16.º/1.

Sendo um "princípio aglutinador" de vários outros princípios[109], o princípio da equiparação vem assim insuflar de sentido e conferir o necessário complemento ao princípio da universalidade, tal como consagrado no artigo 12.º da CRP. Como a segunda Autora teve oportunidade de escrever em momento anterior, tal princípio "traduz a superação de uma visão exclusiva ou primordialmente estadual, que liga os direitos ao Estado e à qualidade de cidadão, em benefício de uma leitura universalista, que liga os direitos ao conceito de pessoa, e os radica na dignidade da pessoa humana", *cimento* de todos os direitos fundamentais (tal é o sentido do artigo 1.º da CRP ao fundar a República Portuguesa na *dignidade da pessoa humana*); optando por uma *regra geral de inclusão*, a Constituição toma partido "por uma ordem plural e aberta"[110].

O princípio da equiparação ou da protecção equivalente, recebido no artigo 15.º/1 da CRP, afigura-se central como fundamento da garantia da efectividade dos direitos fundamentais dos imigrantes – pelo menos, os direitos civis e sociais[111]. Se aditarmos ao artigo 15.º/1 os imperativos de igual e universal protecção firmados nos artigos 12.º e 13.º da CRP, somos forçadas a concluir que, em regra, o Estado português não pode diferenciar cidadãos portugueses e imigrantes, desde que estes residam legalmente no país[112]. Nas palavras de Mário Torres, "a Constituição, relativamente à generalidade dos

---

[109] Jorge Pereira da Silva, Direitos de cidadania..., *cit.*, pp. 25 segs.

[110] Anabela Leão, Expulsão de estrangeiros..., *cit.*, p. 29. Vejam-se também Patrícia Jerónimo, Imigração e minorias..., *cit.*, p. 18, e Jorge Pereira da Silva, Direitos de cidadania..., *cit.*

[111] Nos Estados Unidos da América, no *leading case Plyler v. Doe*, de 1982, o *Supreme Court* afirmou que o direito à educação deve ser garantido de forma igual para filhos de cidadãos americanos e para filhos de imigrantes.

[112] Como refere José de Melo Alexandrino (A nova lei..., *cit.*, pp. 95 segs.), a propósito dos elencos de direitos dos estrangeiros da LI, dos artigos 12.º/1, 15.º/1 e 16.º/2 da CRP resultam para o intérprete importantes "instruções" e a presunção de que o estrangeiro goza de todos os direitos fundamentais não expressamente excluídos (carecendo a exclusão de ser justificada).

direitos assegurados aos cidadãos portugueses só permite duas atitudes: ou se equipara, sem restrições, o estrangeiro ao nacional, ou se reserva exclusivamente a este a titularidade de direitos"[113]. E isto acontece sem submeter a extensão a qualquer condição de reciprocidade, se não expressamente imposta. Por esta razão, o estabelecimento, pelo legislador, de cláusulas de reciprocidade no exercício de direitos fundamentais levanta a questão da sua conformidade constitucional (v. *infra*).

Este princípio de equivalência admite excepções – que contribuem para sustentar a existência de diferentes categorias de estrangeiros[114] –, mas apenas no que concerne a direitos políticos e ao exercício de certas funções[115]. Neste núcleo reside a mais fina expressão da comunhão de valores e políticas desenvolvidas pelo Estado, pelo que estão reservadas a cidadãos portugueses – num caso particular, é mesmo exclusiva dos cidadãos de origem: o direito a apresentar-se a sufrágio em eleições presidenciais (artigo 122.º da CRP). Na mesma medida em que um Estado soberano pode limitar a entrada de estrangeiros no seu território[116] baseando-se num princípio de independência nacional, do mesmo passo é a soberania que justifica o poder de restringir o gozo de certos direitos a cidadãos nacionais – aqueles que reflectem um desejo de participar nas escolhas fundamentais da comunidade e que para tanto demandam um vínculo mais sólido (de cidadania).

A protecção constitucional conferida pelo princípio da equiparação deve ser entendida de forma abrangente, pelo que, como tem sido posto em evidência pela doutrina e pela jurisprudência, a "permissi-

---

[113] Mário Torres, O estatuto constitucional dos estrangeiros, in *SI*, n.º 290, 2001, pp. 7 segs., 21-22.

[114] Como é realçado pelo Tribunal Constitucional – A jurisprudência constitucional sobre o cidadão estrangeiro, *Relatório da 10.ª Conferência trilateral Portugal, Espanha, Itália*, que se realizou em Madrid entre 25 e 27 de Setembro de 2008, p. 2 (disponível para consulta em www.tribunalconstitucional.pt/tc/textos0202.html.pt, acedido em Março de 2009).

[115] Nas palavras do Tribunal Constitucional, "As excepções, de raiz constitucional, à equiparação dos estrangeiros são de fácil justificação, pois assentam no seu relacionamento com a *comunidade política institucionalizada* – com a qual o estrangeiro tem, naturalmente, uma *ténue* ligação (...)" – A jurisprudência constitucional sobre o cidadão estrangeiro, *cit.*, p. 4.

[116] Ver Charles P. Gomes, Les limites de la souveraineté. Les changements juridiques dans les cas d'immigration en France et aux États-Unis, in *RFSP*, 2000/3, pp. 413 segs., 413.

vidade" do n.º 2 do artigo 15.º – designadamente, ao remeter para a lei a reserva de direitos e deveres aos cidadãos portugueses – é apenas aparente, não comportando para o legislador uma liberdade de conformação, nem lhe permitindo estabelecer tantas e tão importantes excepções que acabasse esvaziando de sentido o princípio da equiparação. Implica, em contrapartida, que o não reconhecimento, total ou parcial, de um direito, liberdade e garantia a um estrangeiro (ou apátrida) haja sempre de considerar-se a excepção, e não a regra, tendo de constar de lei formal e de passar pelo apertado crivo do regime restritivo das restrições do artigo 18.º da CRP[117].

Pressentindo a necessidade de integrar os imigrantes nas sub--comunidades de acolhimento, a CRP admite, desde 1989[118], que o legislador ordinário lhes reconheça capacidade eleitoral activa e passiva

---

[117] Jorge Pereira da SILVA, Direitos de Cidadania..., cit., pp. 49 segs., e José Carlos VIEIRA DE ANDRADE, Os direitos fundamentais na Constituição da República de 1976, 4.ª ed., Coimbra, 2009, p. 128.

No Acórdão 255/02, foi o Tribunal Constitucional chamado a apreciar a constitucionalidade de normas do diploma que estabelecia o regime do exercício da actividade de segurança privada, entre as quais uma norma que exigia a *cidadania portuguesa ou de um Estado membro da União Europeia ou do espaço económico europeu, ou, em condições de reciprocidade, de país de língua oficial portuguesa*. A questão material não foi apreciada – o Tribunal entendeu que, estando em causa um direito que integra os direitos, liberdades e garantias (a liberdade de escolha e exercício de profissão), a norma estava ferida de inconstitucionalidade orgânica:

"(...) o facto de o artigo 15.º, n.º 2, da Constituição permitir que sejam ressalvados do princípio da igualdade de direitos entre cidadãos portugueses e estrangeiros, consignado no n.º 1 do mesmo artigo, os direitos pela lei reservados exclusivamente a portugueses, também em nada altera a conclusão a que, em geral, se chegou. É que, quando se trata de lei que reserva a portugueses certos direitos, liberdades e garantias, não pode ela deixar de se encontrar igualmente sujeita à reserva parlamentar (...)".

As normas sob apreciação foram declaradas inconstitucionais com força obrigatória geral, por violação da reserva parlamentar quanto a direitos, liberdades e garantias [artigo 165.º/1/b) da CRP].

Anteriormente, tinha o TC sido chamado, igualmente pelo Provedor de Justiça, a apreciar, com força obrigatória geral, a constitucionalidade de normas legislativas que restringiam, com base na cidadania, o acesso à reparação por danos sofridos ao serviço do Estado português, violando as normas dos artigos 13.º e 15.º (Pedido R-2825/99, disponível para consulta em www.provedor-jus.pt, acedido em 22 de Março de 2010), tendo o TC apreciado a questão e declarado a inconstitucionalidade no Acórdão 423/2001.

[118] A segunda revisão constitucional introduziu o n.º 4 no artigo 15.º, que ainda veio a ser alterado em 1992, data na qual adquiriu a actual redacção.

em eleições locais[119]. A norma do artigo 15.º/6 da Lei Fundamental aplica-se identicamente a cidadãos europeus, cuja *cidadania alargada* sustenta a extensão – além de gozarem também do direito de votar em eleições para o Parlamento Europeu, em condições de reciprocidade (artigo 15.º/5 da CRP, introduzido na revisão constitucional de 1992).

1.1. O Tribunal Constitucional tem sido chamado a pronunciar-se sobre situações relativas a direitos de estrangeiros (não necessariamente imigrantes, no sentido estrito que expusemos). Grande parte das decisões prende-se com direitos de defesa: acesso à justiça em questões de asilo e extradição, assistência judiciária, respeito das regras procedimentais de expulsão, direito ao recurso – e têm-se pautado pela afirmação dos princípios da igualdade de protecção e da proibição de restrições desproporcionadas[120].

Há ainda arestos sobre o acesso a funções públicas (uma vez que o artigo 15.º/2 da CRP veda aos estrangeiros o exercício de cargos públicos que não tenham um "carácter predominantemente técnico"[121]) e também sobre questões de segurança social.

---

[119] O direito de voto dos imigrantes nas eleições locais está regulado na Lei Orgânica 1/2001, de 14 de Agosto, alterada pela Lei Orgânica 5-A/2001 de 26 de Novembro e pela Lei Orgânica 3/2005 de 29 de Agosto. O artigo 2.º atribui o direito de voto, estabelecendo uma diferenciação dos eleitores não nacionais em três categorias: cidadãos europeus; cidadãos de países de língua oficial portuguesa partes na CPLP; e outros cidadãos – sempre com base na reciprocidade e subordinados a inscrição na área de recenseamento local. No que toca aos primeiros, todavia, o direito é automaticamente atribuído, ao passo que, quanto aos segundos, o direito existe caso tenham residência na circunscrição eleitoral há pelo menos dois anos, e relativamente aos terceiros, esta dilação temporal aumenta para três anos (prévios à data do acto eleitoral).

O artigo 5.º admite a possibilidade de serem eleitos para cargos municipais, partindo da mesma tripartição assinalada acima, e baseada na reciprocidade: cidadãos europeus, automaticamente; cidadãos de países de língua oficial portuguesa, se tiverem residência há pelo menos 4 anos; restantes cidadãos, se tiverem residência há pelo menos 5 anos.

[120] Para referências mais desenvolvidas, cfr. Ana Luísa PINTO e Mariana CANOTILHO, *O tratamento dos estrangeiros.....*, *cit.*, pp. 238 segs.

[121] O Tribunal Constitucional tem considerado que estas funções se reportam a cargos como juiz, polícia ou a altos cargos da Administração Pública, sempre que envolvam a competência de definir unilateralmente situações jurídicas subjectivas – cfr. A jurisprudência constitucional sobre o cidadão estrangeiro..., *cit.*, p. 5.

Porventura a mais importante fatia de julgamentos tem por base casos de expulsões: por um lado, o Tribunal Constitucional recusa reconhecer efeito automático à expulsão na sequência de uma condenação penal, sempre que o ofensor seja residente legal – apelando à proibição do efeito automático das penas e também à liberdade de circulação (artigos 30.º/4 e 44.º da CRP, respectivamente)[122]. Por outro lado, a Alta Instância em questões constitucionais decidiu vários incidentes de constitucionalidade relacionados com normas que consentiam a expulsão de estrangeiros condenados por crimes cometidos em Portugal desconsiderando a circunstância de terem menores a seu cargo. Estas normas foram julgadas inconstitucionais com o fundamento de que poderiam conduzir reflexamente à expulsão de menores com nacionalidade portuguesa – que não poderiam nem ser expulsos, à luz do artigo 33.º/1 da CRP, nem ser abandonados[123]. Deve aditar-se que a protecção da família (artigo 36.º/6 da CRP) e a jurisprudência do Tribunal de Justiça da União Europeia e do Tribunal Europeu dos Direitos do Homem convergem no sentido de proibição de expulsão de um progenitor estrangeiro com crianças a cargo em Portugal, mesmo que não portuguesas[124] – a LI conforma-se com esta orientação, como resulta do artigo 135.º/c).

2. Como tem sido frequentes vezes apontado, o reconhecimento dos direitos fundamentais dos imigrantes, bem como a garantia de condições de igualdade e não discriminação, são poderosos instrumentos na luta contra a *exclusão*[125], justificando assim algumas considerações autónomas, às quais se procederá de seguida.

---

[122] Cfr. os Acórdãos 359/93 e 288/94 (ver ainda o Acórdão 442/93, analisando uma situação de entrada ilegal – aí, o efeito automático não foi julgado incompatível com a Lei Fundamental).

[123] Sobre esta jurisprudência, veja-se Anabela LEÃO, Expulsão de estrangeiros..., *cit.*, pp. 25 segs.

[124] Cfr. Carla AMADO GOMES, Filiação, adopção e protecção de menores. Quadro constitucional e notas de jurisprudência, *in RCEJ*, n.º 13, 2008, pp. 7 segs., 27-28.

[125] Sobre a relevância dos direitos humanos para a integração dos migrantes, sublinhando a relevância da proibição de discriminação, Walter KÄLIN, Human Rights and the integration..., *cit.* Ainda que possa discutir-se a existência de um "direito à integração" – questão a que o Autor responde negativamente –, há certamente limites resultantes dos direitos humanos à actuação dos Estados, entre os quais a proibição de discriminação.

O princípio da igualdade tem, entre nós, assento constitucional, em geral (artigo 13.º) e em diversas previsões específicas de igualdade e não discriminação (de que são exemplo, entre outras, as normas dos artigos 26.º/3, 36.º e 47.º da CRP). No n.º 2 do artigo 13.º estão enumeradas, *exemplificativamente,* "cláusulas suspeitas" de discriminação, entre as quais a raça, a língua, o território de origem e a religião[126].

Vinculando *todas* as funções do Estado (e também, assim o entendemos, as entidades privadas, ainda que possa discutir-se em que moldes[127]), o princípio da igualdade impõe-se, desde logo, ao legislador, mas também aos tribunais e à Administração – assim, e para o tema que agora nos ocupa, às autoridades competentes em matéria de imigração[128], e a outras entidades públicas com quem o estrangeiro se relacione durante a sua permanência no país (*v.g.,* nas decisões relativas à nacionalidade ou no acesso à saúde). Entendido pelo Tribunal Constitucional enquanto imperativo de *igualdade relativa*, postulando tratamento igual para situações de facto essencialmente iguais e desigual para situações de facto essencialmente desiguais, o princípio da igualdade não impede, tendo em conta a liberdade de conformação do legislador, o estabelecimento de diferenciações de tratamento razoáveis, racionais, objectivamente fundadas e constitucionalmente admissíveis[129].

---

[126] A preocupação de igualdade racial aflora ainda nos artigos 35.º/3 (proibição de uso da informática para tratamento de dados relativos à origem étnica, salvo nos termos aí estabelecidos), 46.º/4 (proibição de organizações racistas) e 59.º (direitos dos trabalhadores, sem distinção de raça, cidadania, território de origem, entre outros), todos da CRP. Sobre a questão, v. Jorge BACELAR GOUVEIA, A lei da anti-discriminação racial no novo Direito Português da Igualdade Social: breves reflexões sobre o sentido e a estrutura da Lei n.º 134/99, de 28 de Agosto, *Themis,* n.º 5, 2002, pp. 23 segs.

[127] Sobre a vinculação das entidades privadas ao princípio da igualdade, vejam-se Benedita MACCRORIE, A vinculação dos particulares aos direitos fundamentais, Coimbra, 2005, e Jorge REIS NOVAIS, Os direitos fundamentais nas relações jurídicas entre particulares, *in Direitos Fundamentais. Trunfos contra a maioria,* Coimbra, 2006, pp. 69 segs., em espec. 95 segs.

[128] *Vide* o Acórdão do STA de 06/11/2003, Processo n.º 080/02 (concessão de autorização de residência extraordinária a estrangeiro e princípio da igualdade). Salvo indicação diferente, os Acórdãos dos tribunais administrativos referidos ao longo do texto estão disponíveis para consulta em www.dgsi.pt .

[129] Sobre o princípio da igualdade, com ampla demonstração jurisprudencial, Jorge REIS NOVAIS, Os princípios constitucionais estruturantes da República Portuguesa, Coimbra, 2004, pp. 101 segs.

O princípio da igualdade, desde logo na sua dimensão de não--discriminação[130], desempenha um papel fundamental na protecção e *inclusão* das comunidades migrantes – apesar de ser geral e não especificamente vocacionado para a sua defesa. O desenvolvimento do "direito antidiscriminatório" é visível nos planos interno, internacional e europeu. Para além de consagrado em inúmeros instrumentos internacionais de defesa de direitos humanos de que Portugal é parte[131], tem conhecido nos últimos anos na União Europeia um desenvolvimento muito expressivo, servindo como "modelo e factor de impulso" no desenvolvimento dos "direitos anti-discriminação" nacionais[132].

Entre nós, o princípio constitucional da igualdade e não discriminação tem concretização legal em diversas *proibições específicas de discriminação*. E desde a revisão constitucional de 1997 a CRP consagra um *direito à protecção legal contra todas as formas de discriminação* (artigo 26.º/1), que implica um dever especial de protecção[133] e se concretiza, desde logo, na edição de leis anti-discrimi-

---

[130] Sobre as dimensões de protecção do princípio da igualdade, vejam-se José Joaquim GOMES CANOTILHO e VITAL MOREIRA, Constituição da República Portuguesa Anotada, I, 4.ª ed., Coimbra, 2007, pp. 333 segs.

[131] Vejam-se, desde logo, os artigos 2.º e 3.º do *Pacto Internacional de Direitos Civis e Políticos* e, no âmbito da *Convenção Europeia dos Direitos do Homem*, o artigo 14.º (e o seu Protocolo Adicional n.º 12, que Portugal assinou mas ainda não ratificou – ver http://conventions.coe.int). Assinalem-se também os artigos 20.º e segs da *Carta dos Direitos Fundamentais da União Europeia*, hoje vinculativa por força da entrada em vigor do Tratado de Lisboa, em 1 de Dezembro de 2009 (artigo 6.º do Tratado da União Europeia). Merece referência autónoma a *Declaração Universal dos Direitos do Homem*, em especial os seus artigos 1.º, 2.º e 7.º, dada a recepção formal operada pela nossa Constituição através do artigo 16.º/2. Numa abordagem mais específica, é ainda de referir, entre outras, a *Convenção Internacional sobre a eliminação de todas as formas de discriminação racial*, aprovada no seio das ONU em 1965, e em vigor em Portugal desde 23 de Setembro de1982. Para mais informações sobre as vinculações internacionais de Portugal nesta sede, consulte-se o sítio do Gabinete de Documentação e Direito Comparado, em www.gddc.pt.

[132] Fernando REY MARTÍNEZ, La discriminación múltiple, una realidad antigua, un concepto nuevo, in REDC, 84 (2008), pp. 251 segs, 253. Sobre o desenvolvimento do Direito da União Europeia e europeu anti-discriminação, Dulce LOPES e Lucinda DIAS DA SILVA, Xadrez policromo: a Directiva 2000/43/CE do Conselho e o princípio da não discriminação em razão da raça e origem étnica, in *Estudos dedicados ao Prof. Doutor Mário Júlio de Almeida Costa*, Lisboa, 2002, pp. 393 segs.

[133] José Carlos VIEIRA DE ANDRADE, Os direitos fundamentais..., *cit.*, p. 262 e, dando conta das dificuldades de recorte jurídico e dogmático deste direito, José Joaquim GOMES CANOTILHO e VITAL MOREIRA, Constituição..., *cit.*, pp. 469 segs.

nação. A protecção legal contra a discriminação tem-se desenvolvido no sentido de abranger diversos sectores (emprego, acesso à habitação, serviços), motivos (raça ou origem étnica, sexo, deficiência ou risco agravado de saúde, religião) e destinatários (aplicando-se a entidades públicas mas também, em certos domínios, a relações entre particulares)[134]. As previsões legais que proíbem e sancionam as práticas discriminatórias são instrumentos importantes de luta contra a exclusão e de integração social – não só, mas também das comunidades imigrantes – e de efectivação do respeito pela dignidade da pessoa humana[135-136].

Como exemplo da articulação entre os planos da União Europeia e interno no âmbito do direito antidiscriminatório, vejam-se, desde logo, as diversas directivas adoptadas, entre as quais salientamos, tendo em atenção o objecto deste trabalho, a Directiva 2000/78/CE do Conselho, de 27 de Novembro, que estabelece um quadro geral de igualdade de tratamento no emprego e actividade profissional (*Directiva Emprego*), e a Directiva 2000/43/CE do Conselho, de 29 de Junho, que aplica o princípio da igualdade de tratamento entre as pessoas, sem distinção de origem étnica ou racial[137]

---

[134] Cfr. Paulo MOTA PINTO, Autonomia privada e discriminação. Algumas notas, *Estudos em homenagem ao Conselheiro José Manuel Cardoso da Costa*, II, Coimbra, 2003, pp. 313 segs., e Benedita MACCROIRIE, A vinculação dos particulares..., *cit.*, pp. 50 segs.

[135] Ao reforçar a integração, a protecção contra a discriminação é também muitas vezes apontada como forma de pacificação social, como assinala Paulo Mota PINTO (Autonomia privada..., *cit.*, pp. 326 segs.). O Autor refere que a protecção contra a discriminação prossegue não apenas a finalidade de protecção do indivíduo como também do grupo em que aquele se insere e da sociedade em geral.

[136] Estudos na área demonstram que, apesar de Portugal não "se ver" como um país racista, não estão ausentes fenómenos racistas e xenófobos – cfr. Bruno PEIXE DIAS *et alli*, Racismo e Xenofobia em Portugal (2001-2007), Amnistia Internacional/Númena, Oeiras, Outubro de 2008 (disponível para consulta em http://www.amnistia-internacional.pt/dmdocuments/Estudo_Racismo_Portugal.pdf, acedido em Abril de 2010). Com dados sobre a discriminação (em geral) na Europa e também em Portugal, *Discrimination in the European Union: perceptions, experiences and attitudes*, Relatório de iniciativa da Comissão Europeia publicado em Julho de 2008 (disponível para consulta em www.pontemargem.org, acedido em Janeiro de 2010).

[137] A utilização do termo "raça" gerou controvérsia no âmbito das negociações, tendo-se chegado a compromisso através da salvaguarda, no considerando 6 do Preâmbulo da directiva, de que a utilização da expressão "origem racial" não significa a aceitação das teorias que pretendem demonstrar a existência de raças humanas separadas (que a União Europeia rejeita). Mesmo assim, alguns Estados excluíram o termo "raça" da sua legislação

(*Directiva Raça*)¹³⁸, ambas concretizando o (então) artigo 13.º do Tratado da Comunidade Europeia, com vista a reforçar a luta contra o racismo e a xenofobia. Apesar de se aplicarem (também) a nacionais de países terceiros, as duas Directivas excluem, porém, a nacionalidade dos motivos de discriminação proibida¹³⁹ - exclusão apenas relevante, na prática, para nacionais de países terceiros e não para cidadãos europeus¹⁴⁰.

A *Directiva Emprego* é mais abrangente quanto aos motivos de discriminação, vedando-a em razão da religião ou das convicções, de uma deficiência, da idade ou da orientação sexual, ainda que se circunscreva à área do emprego e formação profissional (artigo 1.º), ao passo que o âmbito de aplicação da *Directiva Raça* se estende para além do emprego, a áreas nas quais os cidadãos não europeus estão consideravelmente expostos a discriminação, como a protecção social, os benefícios sociais, a educação e o acesso a bens e serviços (cfr. o artigo 3.º). Para além de definirem o que se entende por discriminação para efeitos da sua aplicação (discriminação

---

nacional – cfr. Mark BELL, The implementation of European Anti-Discrimination Directives: Converging towards a Common Model?, in *The Political Quarterly*, 2008/1, pp. 36 segs., 37.

Como nota este Autor (a págs 37-38), o debate que envolveu a *Directiva Raça* mostra que a "discriminação étnica" foi vista como afectando especialmente imigrantes e seus descendentes, e não Roma ou minorias nacionais históricas. A aplicação desta directiva aos novos países membros (alargamentos de 2004 e 2007) vem colocar a questão de saber como se implementará em contextos em que a discriminação étnica não está relacionada com a imigração. Sobre esta directiva, ver ainda Dulce LOPES e Lucinda DIAS DA SILVA, Xadrez policromo..., *cit.*

[138] Sobre a concretização em Portugal destas directivas, Manuel MALHEIROS, Report on measures to combat discrimination. Directives 2000/43/EC and 2000/78/EC, Country Report – Portugal, state of affairs up to February 2008, Relatório apresentado no âmbito da *European Network of Lehgal Experts in the Nondiscrimination Field* (disponível para consulta em http://www.non-discrimination.net/content/media/2007-PT-Country%20Report%20Final.pdf, acedido em 1 de Agosto de 2009).

[139] Vejam-se o Considerando 12 e o artigo 3.º/2 da *Directiva Emprego*, e o Considerando 13 e o artigo 3.º/2 da *Directiva Raça*. A propósito desta última disposição, Mark BELL (Implementing the EU Racial Equality Directive: implications for immigration law, *in Tolley's Journal of immigration asylum and nationality law*, 2004/1, pp. 39 segs) considera que esta norma aponta no sentido de a discriminação contra nacionais de países terceiros não ser equiparável a discriminação racial. Já Sara BENEDÍ LAHUERTA (Race equality and TCNs, or how to fight discrimination with a discriminatory law, *in ELJ*, 2009/6, pp. 738 segs., 752 segs) discute a possibilidade de uma interpretação ampla do conceito de discriminação racial que permita que esta, quando se apresente como discriminação com base na religião ou na nacionalidade, caia no âmbito da *Directiva Raça*, fazendo referência ao Acórdão *Firma Feryn*, prolatado pelo TJ em 10 de Julho de 2008 (caso C-54/07).

[140] Para uma comparação entre ambas, discutindo a protecção de nacionais de países terceiros contra a discriminação, Sara BENEDÍ LAHUERTA, Race equality and TCNs..., *cit.*

directa e indirecta, assédio e instruções para discriminar), as directivas ocupam-se das garantias de reacção e defesa contra os actos de discriminação (artigos 9.º segs da *Directiva Emprego* e 7.º segs da *Directiva Raça*)[141].

Reconhecendo que a implementação do princípio da igualdade não estava ainda suficientemente desenvolvida, dadas as limitações – de âmbito ou de motivos invocáveis – das duas directivas referidas, a Comissão apresentou, em Julho de 2008, uma nova *Proposta de Directiva do Conselho que aplica o princípio da igualdade de tratamento entre as pessoas, independentemente da sua religião ou crença, deficiência, idade ou orientação sexual*[142].

A *Directiva Raça* foi transposta para Portugal pela Lei 18/2004, de 11 de Maio[143]. O seu âmbito de aplicação ultrapassa-a, porém, uma vez que enuncia a *nacionalidade* enquanto factor de discriminação proibido[144] –

---

[141] Aí se encontram disposições relativas, designadamente, à protecção contra a retaliação, ao diálogo social e ao ónus da prova. Em relação a este último (e à questão da (real) inversão ou (mero) aligeiramento do ónus da prova), vejam-se Dulce LOPES e Lucinda DIAS DA SILVA, Xadrez policromo..., *cit.*, pp. 422 segs.

O artigo 6.º da Lei 18/2004 concretiza a norma da *Directiva Raça* relativa ao ónus da prova, e tem gerado algumas dúvidas interpretativas, sobre as quais se pronuncia o Parecer n.º 9/2008 do Conselho Consultivo da Procuradoria-Geral da República (disponível para consulta em http://www.cicdr.pt/images/stories/directiva_mais_baixa6.pdf, acedido em 1 de Março de 2010), considerando, em extrema síntese, *que o n.º 2 do art. 6.º se aplica aos processos contra-ordenacionais, não se verificando, nesse caso, a inversão do ónus da prova do n.º 1*.

[142] Proposta COM (2008) 426 final, Procedimento 2008/0140(CNS), de 2.7.2008 (disponível para consulta em http://ec.europa.eu/prelex/detail_dossier_real.cfm?CL=pt& DosId=197196, onde pode ser acompanhado o respectivo procedimento interinstitucional, acedido em 8 de Janeiro de 2010).

[143] E também pelo Código de Trabalho – cfr. o artigo 2.º da Lei 7/2009, de 12 de Fevereiro, que aprovou a revisão do Código de Trabalho, e que transpôs, para além da *Directiva Raça*, também a Directiva 2000/78/CE (e, antes desta, o artigo 2.º da Lei 99/2003, que aprovou o Código de Trabalho). Ver em especial os artigos 23.º e segs.

[144] Cfr. o artigo 3.º/2 da Lei 18/2004, que também refere a *cor*. Fazendo eco *parcial* da Directiva, a Lei 18/2004 estabelece, no artigo 2.º/3, que a sua aplicação *não prejudica as diferenças de tratamento baseadas na nacionalidade ou nas disposições e condições que regulam a entrada e residência de nacionais de países terceiros e de apátridas no território nacional nem qualquer tratamento que decorra do respectivo estatuto jurídico*. Note-se que, por um lado, a Lei – que, de resto, usa, em regra, a fórmula da directiva "motivos de origem racial ou étnica" – define, no n.º 1 do artigo 3.º, o princípio da igualdade de tratamento como *ausência de qualquer discriminação, directa ou indirecta, em razão da origem racial ou étnica*, sendo que o n.º 2 considera *práticas discriminatórias* as acções ou omissões que, *em razão da pertença de qualquer pessoa a determinada raça, cor, nacionalidade ou origem étnica,* violem o princípio da igualdade. Ou seja, o n.º 2 vai *para além*

caminho, de resto, seguido por outros países europeus[145]. Antes da aprovação desta lei, havia já protecção legal contra a discriminação no exercício de direitos *por motivos baseados na raça, cor, nacionalidade ou origem étnica*, veiculada pela Lei 134/99, de 28 de Agosto, a qual, para além de abranger os "factores suspeitos" inseridos na Lei 18/2004, se estende a outras áreas (emprego e actividade profissional). Ambas as leis têm a particularidade de vincular entidades públicas e privadas nos seus âmbitos de protecção (artigos 2.º da Lei 134/99, e 2.º/1 da Lei 18/2004)[146].

No âmbito da Lei 18/2004, as práticas discriminatórias são consideradas contra-ordenações, sancionáveis com coima, sem prejuízo de poderem também dar lugar a responsabilidade civil (artigo 10.º), sendo ainda possível a aplicação de sanções acessórias (artigo 11.º)[147-148]. Em termos procedimentais, à *Comissão para a Igualdade e contra a Discriminação Racial (CICDR)* cabem importantes poderes de acompanhamento (cfr. os artigos 5.º da Lei 134/99, e 9.º da Lei 18/2004), competindo ao *Alto-Comissário para a Imigração e Diálogo Intercultural* a definição da medida das sanções e a aplicação das coimas e das sanções acessórias correspondentes (artigo 13.º).

---

do n.º 1, alargando os motivos de discriminação proibida, em sintonia, de resto, com a Lei 139/99, de 28 de Agosto, e com a "cláusula aberta" do artigo 13.º/2 da CRP.

Por outro lado, assinale-se que a definição do princípio da igualdade constante do n.º 2 do artigo 3.º da Lei 18/2004 identifica, *para os efeitos da lei,* igualdade com não discriminação, o que, tendo tradição no Direito Internacional e afastando a questão dos deveres positivos, vem circunscrever o princípio da igualdade à sua *dimensão negativa* – embora a vertente positiva não esteja totalmente ausente (veja-se o artigo 8.º, relativo à promoção da igualdade).

[145] Links between..., *cit.*, pp. 62 segs.

[146] Paulo MOTA PINTO, A discriminação..., *cit.,* e Benedita MACCROIRIE, A vinculação dos particulares..., pp. 50 segs. (veja-se a posição crítica da Autora face à directiva quanto à extensão ao arrendamento e à não contemplação de outros motivos ilegítimos de diferenciação).

[147] Note-se ainda a protecção penal contra a discriminação racial (cfr., por relevantes, os artigos 240.º, 132.º/2/f) e 145.º/2 do Código Penal). Sobre a "divisão de competências" sobre discriminação racial e étnica entre direito penal e contraordenacional, Teresa Pizarro BELEZA, The Fight for Equality – Implementing anti-discrimination laws, ECRI's Roundtable in Portugal, Lisboa, Fundação Calouste Gulbenkian, 26 de Fevereiro de 2003 (disponível para consulta em www.fd.unl.pt/docentes_docs/ma/tpb_MA_2051.doc, acedido em 1 de Março de 2010).

[148] Não obstante a existência deste enquadramento, dados apontam no sentido da sua pouca utilização, *vide* Comissão Europeia contra o Racismo e a Intolerância, Terceiro Relatório sobre Portugal, adoptado em 30 de Junho de 2006, CRI(2007)4 (disponível para consulta em www.dgpj.mj.pt, acedido em Janeiro de 2010).

Entre as causas de tratamento desigual pode estar a cidadania[149]. Entramos aí num domínio "sensível", no qual se torna especialmente visível o "choque" com a soberania estadual, que reclama a possibilidade de os Estados, desde logo, vedarem a entrada no território nacional, bem como certos direitos, a estrangeiros. Não obstante, tem sido identificado um emergente princípio geral de Direito Internacional e europeu dos direitos humanos de proibição de discriminação em virtude da cidadania, sendo as diferenças de tratamento com base na cidadania cada vez mais encaradas como "suspeitas" e carecidas de justificação acrescida – apenas não sendo consideradas discriminatórias se prosseguirem um objectivo legítimo e não excederem o necessário para atingi-lo[150].

Apesar de, tradicionalmente, a proibição de discriminação em função da nacionalidade na União Europeia se dirigir a cidadãos europeus e não a nacionais de países terceiros, também nos Direitos da União Europeia e europeu a proibição de discriminação em função da cidadania de nacionais de países terceiros face aos cidadãos da União (uma vez que, entre estes, esse princípio é claro e é mesmo uma das bases da União) tem feito caminho[151]. Isto ainda que a

---

[149] O facto de tal motivo não resultar imediatamente do n.º 2 do artigo 13.º não significa que tais discriminações sejam admissíveis, quer porque tal elenco é exemplificativo, visando apenas as ditas "categorias suspeitas" que a História revelou como violações mais frequentes do princípio da igualdade (a cidadania, como nota a Comissão Europeia, Links between..., cit., p. 57, é uma "cláusula suspeita" recente), quer por aí se encontrarem previstos os "fundamentos" da atribuição da cidadania – "ascendência" e "território de origem" (cfr. Jorge Pereira da SILVA, Direito à cidadania..., pp. 30 segs). Sobre a questão, no direito espanhol, v. Maria del Camino VIDAL FUEYO, Constitución y extranjería, Madrid, 2002, pp. 159 segs.

[150] Links between..., cit., pp. 35 segs.

[151] O referido princípio de Direito Internacional de proibição da discriminação em função da cidadania, reconhecido por um número significativo de Estados-membros pode, assim, considerar-se um princípio geral de direito da União Europeia, a ser como tal salvaguardado pelo Tribunal de Justiça e a aplicar pelos Estados-membros quando implementem Direito da União – Links between..., cit., pp. 56 segs. Alguma doutrina vem também advogando a substituição da interpretação "clássica" do antigo artigo 12.º do Tratado da Comunidade Europeia (actual artigo 18.º do TFUE) como só aplicável a cidadãos da União por uma outra que permita, em certas condições, a extensão da proibição de discriminação também a nacionais de Estados terceiros – cfr. Chloé HUBLET, The scope of article 12 of the Treaty of the European Communities vis-à-vis Third-Country Nationals: evolution at last?, in ELJ, 2009/6, pp. 757 segs.

protecção contra a discriminação em função da cidadania seja mais "débil" do que a protecção contra a discriminação em função da raça ou da religião (falando-se mesmo, a propósito, numa "hierarquia de igualdades")[152].

Retornando ao que dissemos *supra,* do facto de a equiparação se constituir como princípio-regra resulta que uma excepção a esse princípio, reservando para cidadãos portugueses certos direitos, poderá configurar uma violação do princípio da igualdade. Há, por conseguinte, algumas precisões a fazer: o respeito pelo princípio da igualdade não equivale a dizer que não possa haver diferenças de tratamento baseadas na nacionalidade[153], mas significa que essas diferenças de tratamento têm de ser justificadas, devem corresponder a um fim legítimo e hão-de cumprir as exigências do princípio da proporcionalidade – caso contrário, serão consideradas discriminações ilegítimas. E impõe-se a fiscalização do cumprimento das exigências de igualdade, tanto no tratamento dos imigrantes no acesso ao território (*v.g.,* não discriminação em função do território de origem) como no gozo de direitos.

Porém, a nacionalidade não é o único factor de discriminação eventualmente relevante quando se trata da protecção contra a discriminação de imigrantes. Com efeito, outros factores suspeitos como a raça, a origem étnica, a cor, a religião, podem estar na base de discriminações ilegítimas (e isto tratando-se ou não de nacionais), muitas vezes em simultâneo (*discriminação múltipla* em sentido amplo, ou seja, produzida por mais do que um factor inadmissível de diferenciação[154]). E, muitas vezes, uma diferenciação com base na nacionalidade "esconde" uma discriminação com base na religião ou território de origem (*discriminação indirecta*) – questão que tem sido discutida no âmbito do direito antidiscriminatório da União Europeia[155].

---

[152] Sara BENEDÍ LAHUERTA, Race equality and TCNs..., *cit.*, pp. 744 segs.

[153] A existência de um controlo do acesso ao território do Estado traduz, desde logo, uma diferença de tratamento entre nacionais e estrangeiros, assim como a existência de "cláusulas de preferência comunitária" no acesso ao mercado de trabalho.

[154] Sobre o conceito, as modalidades e a nova abordagem destas discriminações, Fernando REY MARTÍNEZ, La discriminación múltiple..., *cit.*

[155] Em virtude de as directivas *Raça* e *Emprego* declararem a sua não aplicação à discriminação com base na nacionalidade, v. *supra.*

Como se assinalou *supra*, a integração é um processo complexo, que se desenvolve a vários níveis e com diversos actores. Por um lado, as desigualdades socioeconómicas frequentemente associadas às populações migrantes tendem a entorpecer o acesso à educação, ao emprego e aos cuidados de saúde e esta dificuldade, por seu turno, agrava a situação de fragilidade. Mas, por outro lado, os instrumentos de participação na vida social e política do Estado de acolhimento podem contribuir para contrariar esta "lógica de exclusão" – daí a importância da discussão em torno dos direitos políticos e de outras formas de participação dos imigrantes na vida comunitária, como a liberdade de associação. Na impossibilidade de abordar todos estes aspectos, destacaremos, ainda que de forma breve, a liberdade de associação, a educação e o acesso a cuidados de saúde.

A liberdade de associação, prevista constitucionalmente no artigo 46.º da CRP, encontra, no que aos imigrantes diz respeito, importante concretização na Lei 115/99, de 3 de Agosto, regulamentada pelo Decreto-Lei 75/2000, de 9 de Maio, que estabelece o regime de constituição e os direitos e deveres das associações representativas dos imigrantes e seus descendentes (ambos alterados pelo Decreto-Lei 34/2008, de 26 de Fevereiro)[156]. É multidimensional o contributo do associativismo imigrante para a integração no país receptor[157] – sendo que uma importante dimensão da protecção dos direitos fundamentais é a de garantia procedimental e processual (*status activus processualis*), salientam-se aqui os direitos de participação das asso-

---

[156] Daí que nunca o artigo 133.º/i) da LI possa ser lido como reconhecendo este direito *apenas* aos beneficiários do estatuto de residente de longa duração.

Pronunciando-se no sentido de os direitos das associações de imigrantes previsto na lei serem direitos fundamentais materialmente constitucionais, Jorge MIRANDA, Manual de Direito Constitucional, IV, 4.ª ed., Coimbra, 2008, p. 16.

[157] Sobre associativismo imigrante e sua relevância nos processos de integração nos países receptores, identificando várias linhas temáticas de investigação, v. Ana Paula Beja HORTA, Introdução, in *Revista Migrações – Número Temático Associativismo Imigrante*, Ana Paula Beja Horta (org.), Abril 2010/6, pp. 11 segs (disponível para consulta em www.oi.acidi.pt). Aí, a pág. 11, dá-se conta das várias dimensões da relevância do associativismo migrante, "constituindo-se como estruturas vitais de processos de socialização, de reforço de laços culturais comuns, de afirmação identitária, de solidariedades e de práticas de entreajuda (...) as organizações de migrantes têm-se, igualmente, constituído como um espaço privilegiado de mobilização social e política visando a defesa dos interesses dos seus membros nas sociedades receptoras".

ciações no procedimento legislativo relativo às questões de imigração e na definição das políticas públicas de imigração[158]. Têm também assento (2 representantes) na *Comissão para a Igualdade e Contra a Discriminação Racial* e cabe-lhes ainda designar representantes das comunidades imigrantes com assento no Conselho Consultivo para os Assuntos da Imigração[159]. De notar ainda que a Lei 20/96, de 6 Julho, permite a constituição como assistente em processo penal no caso de crime de índole racista ou xenófoba por parte das comunidades de imigrantes e demais associações de defesa dos interesses em causa (salvo expressa oposição do ofendido).

O direito fundamental à educação é um direito multifacetado, como resulta da análise dos artigos 43.º e 74.º da CRP (comportando dimensões negativas e positivas)[160]. O papel desempenhado pela educação (e pela escola) no processo de *inclusão* (desde logo, dos menores) na sociedade de acolhimento justifica a centralidade que ocupa, seja nos catálogos de direitos dos migrantes seja, em termos mais amplos, na discussão sobre a diversidade cultural e o diálogo entre culturas. Na verdade, entre nós, a educação foi um dos primeiros domínios em que fez caminho "o lema do diálogo intercultural"[161] –

---

[158] Cfr. o artigo 4.º/1/a) e b) da Lei 115/99, sendo de notar que se trata de direitos que apenas podem ser exercidos pelas associações com representatividade reconhecida pelo ACIDI (artigo 4.º/2), a requerimento das próprias, nos termos previstos no artigo 5.º da Lei 115/99, e no artigo 3.º do DL 75/2000, de 9 de Maio.

Actualmente, segundo dados do ACIDI (*Revista* n.º 78, Fevereiro de 2010, p. 14, disponível para consulta em www.acidi.gov.pt, acedida em 22 de Março de 2010), são 124 as associações cuja representatividade é reconhecida pelo Alto-Comissariado.

[159] Nos termos, respectivamente, dos artigos 6.º/d) da Lei 134/99, e 6.º/2/ b) a d) do DL 167/2007 (desde que a sua representatividade seja reconhecida pelo ACIDI).

[160] Cfr. José Joaquim GOMES CANOTILHO e VITAL MOREIRA, Constituição..., *cit.,* em anotação aos artigos referidos. Sobre os *standards* mínimos no âmbito do direito à educação, Suzana TAVARES DA SILVA, Educação e identidade cultural: da integração das crianças à inclusão dos jovens, da aprendizagem da língua ao curso superior, *in Direitos Humanos, Estrangeiros, Comunidades Migrantes e Minorias,* José Joaquim Gomes Canotilho (coord.), Oeiras, 2000, pp. 101 segs.

[161] Como nota Patrícia JERÓNIMO, Imigração e Minorias..., *cit.,* pp. 19 segs. Assim, em 1991 foi criado um Secretariado para a Educação Multicultural, substituído em 2001 pelo Secretariado *Entreculturas,* hoje integrado no ACIDI, e cuja actuação tem vindo a revelar-se "um instrumento indispensável no desenvolvimento de políticas pedagógicas para a promoção dos valores do diálogo intercultural e do respeito e promoção da diversidade no plano educativo", como pode ler-se no *Preâmbulo* do DL 167/2007.

pense-se em conceitos como "escola inclusiva" e "educação intercultural"[162], não devendo este último, como nota Luísa Neto[163], ser entendido como resposta para grupos ou minorias (pois não se lhes circunscreve), mas como paradigma de formação que visa desenvolver, nos grupos maioritários e nos minoritários, uma melhor compreensão e comunicação das, e entre as, culturas, articulando-se assim com a educação para a cidadania democrática. Neste contexto, não poderá deixar de referir-se que, entre as finalidades da educação que cumpre ao Estado promover, a Constituição enaltece o *espírito de tolerância e de compreensão mútua* (artigo 73.º/2)[164].

Sem dúvida, uma dimensão importante é a da protecção contra a discriminação no acesso à educação[165]. Contudo, a protecção dos direitos fundamentais dos imigrantes não tem apenas uma dimensão negativa, de *defesa*, nem se reconduz à implementação de um quadro legal de combate à discriminação, passando também por *incumbências positivas* – veja-se, para além da garantia geral de acesso ao ensino (artigo 74.º da CRP), a incumbência que a Constituição, na revisão constitucional de 1997, atribuiu ao Estado concretamente dirigida aos filhos dos imigrantes, no sentido de lhes ser assegurado "apoio adequado para efectivação do direito ao ensino" [artigo 74.º/j)], direito este que, estando essas crianças em idade escolar, lhes assiste, independentemente da sua situação perante as normas do país de acolhimento[166]. Como relevam Gomes Canotilho e Vital Moreira[167], esta

---

[162] Sobre a educação intercultural, veja-se a Recomendação n.º 1/2001, do Conselho Nacional da Educação, e Luísa Neto, Constituição e Educação, *in RFDUP*, 2007, pp. 279 segs.

[163] Luísa Neto, Constituição e Educação, *cit.*, p. 282.

[164] Daí que, no âmbito da educação, possamos convocar a ideia de tolerância como "tarefa preventiva estadual" de que fala Hans-Jürgen Papier – Toleranz als Rechtsprinzip, *in Festschrift für Peter Raue*, Rainer Jacobs (ed.), Köln, Berlin, München, 2006, pp. 255 segs.

[165] Cfr. o artigo 3.º/2/g) da Lei 18/2004, que visa evitar segregação das crianças no espaço escolar. É também interessante consultar, pelos critérios e princípios enunciados, a abundante jurisprudência do Tribunal Europeu dos Direitos do Homem sobre educação e crianças Roma (*vide*, entre outros, o Acórdão *Sampanis and Others v. Greece*, de 5 de Junho de 2008, disponível para consulta em www.echr.coe.int).

[166] O DL 67/2004 cria, sob a alçada do ACIME (hoje, ACIDI), um registo nacional de menores estrangeiros em situação irregular, com vista a assegurar, entre outros, o seu direito de acesso aos cuidados de saúde e à educação pré-escolar e escolar, em condições de igualdade relativamente às crianças em situação regular.

[167] José Joaquim Gomes Canotilho e Vital Moreira, Constituição..., *cit.*, p. 901.

incumbência testemunha simultaneamente a transformação de Portugal em país de imigração e a necessidade de uma "acção afirmativa" do Estado para garantir tal direito, que é condição de integração e de coesão social.

Também as políticas de saúde e o acesso dos imigrantes aos cuidados de saúde estão relacionadas com a integração destes na sociedade de acolhimento[168], sendo que as populações imigrantes pertencem tendencialmente aos grupos vulneráveis do ponto de vista da saúde pública, por força da associação frequente entre migração, pobreza e exclusão social[169]. Consagrado no artigo 64.º da CRP, o direito à (protecção da) saúde é conferido a *todos*, de acordo com o princípio da universalidade, e incluindo, por força do princípio da equiparação, os estrangeiros e os apátridas que se encontrem ou residam em Portugal (15.º/1 da CRP)[170].

Como veremos *infra*, o Provedor de Justiça tem realizado uma importante acção no âmbito dos direitos dos imigrantes. No seguimento de queixas que lhe foram dirigidas apontando para o facto de cidadãos estrangeiros residentes legalmente em Portugal estarem a ser discriminados no acesso, em condições de igualdade, ao SNS (veja-se o n.º 3 da Base XXV da Lei de Bases da Saúde), o Provedor de Justiça interpelou o Ministro da Saúde[171]

---

[168] Como notam Maria Lucinda FONSECA, Sandra SILVA, Alina ESTEVES e Jennifer MCGARRIGLE, Relatório sobre o Estado da Arte em Portugal, MIGHEALTHNET – Rede de informação sobre boas práticas em cuidados de saúde para imigrantes e minorias étnicas na Europa, Departamento de Geografia/Centro de Estudos Geográficos Universidade de Lisboa, 2009, p. 31 (disponível para consulta em http://mighealth.net/pt/images/a/a7/Mighealthnet_SOAR_por.pdf, acedido em 20 de Janeiro de 2010). Sobre o tema, ver também Sónia DIAS (org.), *Revista Migrações – Número Temático Imigração e Saúde,* Setembro 2007, n.º 1 (disponível para consulta em www.oi.acidi.pt).

[169] Cfr. Jorge SAMPAIO, Notas sobre saúde e migrações, in *Migrações: Oportunidade ou Ameaça? A Habitação e a Saúde na Integração dos Imigrantes: Recomendações do Fórum Gulbenkian Migrações 2008,* António Vitorino (coord.), Cascais, 2009, pp. 193 segs.

[170] Em termos internacionais, tem-se entendido que mesmo aos estrangeiros "irregulares" a dignidade da pessoa humana exige que os cuidados urgentes e estritamente necessários às condições de saúde não sejam negados, bem como em matéria de saúde materno-infantil, v. Catarina SAMPAIO VENTURA, O direito à saúde internacionalmente conformado: uma perspectiva de direitos humanos, in *Lex Medicinae: Revista Portuguesa de Direito da Saúde,* n.º 4, 2005, p. 49 segs., 53-54.

[171] Cfr. Catarina Sampaio VENTURA, Migrações. O caso português: enquadramento normativo geral e actuação do Provedor de Justiça, *Primeiro Relatório de Direitos Humanos da Federação Ibero-Americana de Ombudsman,* 2003, em especial pp. 40 segs (disponível

sendo, em consequência, emitido o *Despacho do Ministério da Saúde n.º 25360/2001*, que determina o acesso ao SNS aos cidadãos estrangeiros a residir legalmente em Portugal em condições de igualdade ao dos beneficiários do SNS[172].

Porém, são muitas as causas de desigualdade entre populações migrantes e autóctones, e nelas se incluem não apenas as barreiras legais como também outras, sejam externas ao sistema de saúde, internas ou de auto-exclusão – barreiras essas porventura existentes em Portugal[173].

3. A tutela dos direitos fundamentais não passa apenas pela protecção legal e jurisdicional desses direitos, cabendo na nossa ordem jurídica a diversas autoridades independentes e outros organismos do Estado o desempenho de uma *função de protecção dos*

---

para consulta em www.provedor-jus.pt/restrito/pub_ficheiros/Migracoes.pdf, acedido em 1 de Março de 2010).

[172] E também a estrangeiros em situação irregular, nos termos aí previstos. Veja-se também a Circular Informativa n.º 12/DQS/DMD de 7/05/2009 sobre *Acesso dos Imigrantes ao Serviço Nacional de Saúde*.

Quanto às crianças estrangeiras que se encontrem em Portugal em situação irregular, cfr. *supra* o que se escreveu na nota 166 a propósito do DL 67/2004, bem assim como as considerações de Catarina SAMPAIO VENTURA, O direito à saúde..., *cit.*, p. 54.

[173] Como assinala Beatriz PADILLA, Saúde dos imigrantes: protegendo direitos e assumindo responsabilidade, in *Migrações: Oportunidade ou Ameaça? A Habitação e a Saúde na Integração dos Imigrantes, cit.,* pp. 135 segs., 147 segs. Segundo a Autora, em Portugal, embora não exista a barreira legal, verificam-se na prática outros obstáculos. Um aspecto interessante é, aqui, o das próprias diferenças culturais e relativas à prática médica, como a dieta ou as expectativas em relação ao tratamento pelos profissionais de saúde. Não querendo alongar-nos, sempre assinalaremos, por um lado, a abertura do sistema de saúde à diferença cultural (em sentido amplo), não apenas quanto à assistência religiosa como também, ainda que de forma ténue, em relação à dieta alimentar (cfr. o DL 253/2009, de 23 de Setembro, sobre assistência espiritual e religiosa nos hospitais e outros estabelecimentos do SNS, que no artigo 12.º/j) dispõe que aos utentes, independentemente da sua confissão, é reconhecido o direito a optar por uma alimentação que respeite as suas convicções espirituais e religiosas, *ainda que tenha que ser providenciada pelo utente* – itálico nosso).

Por outro lado, também no domínio da saúde se coloca a questão dos limites à aceitação de determinadas práticas culturais – por exemplo, no caso da mutilação genital feminina (cfr. o *Programa de Acção contra a Mutilação Genital Feminina, no âmbito do III Plano Nacional Para a Igualdade – Cidadania e Género (2007-2010)*, Lisboa, edição APF/Daphne, 2009).

*direitos fundamentais*¹⁷⁴. Têm-se aqui em vista não apenas entidades com competências genéricas, como é o caso do Provedor de Justiça e de algumas entidades administrativas independentes como a *Entidade Reguladora para a Comunicação Social* (ERC) que, no âmbito da sua actuação, podem ser chamadas a tomar posição sobre questões que se relacionem com a imigração e a situação dos estrangeiros e das minorias, mas também entidades especificamente vocacionadas para os assuntos da imigração, como é o caso do *Alto Comissariado para a Imigração e Diálogo Intercultural* (ACIDI, IP), na dependência do qual funcionam o *Conselho Consultivo* e a *Comissão para a Igualdade e Contra a Discriminação Racial* (CICDR). A estas entidades faremos, pois, uma brevíssima referência.

3.1. O Provedor de Justiça, versão portuguesa da clássica figura do *Ombudsman* nórdico, é um órgão independente do Estado¹⁷⁵, constitucionalmente previsto (artigo 23.º da CRP), designado pela Assembleia da República (artigos 23.º/1 e 163.º/h) da CRP), que desempenha um importante papel de garantia dos direitos fundamentais e da Constituição¹⁷⁶. Sendo um órgão "aberto à sociedade civil"¹⁷⁷, a actuação do Provedor de Justiça caracteriza-se pela sua natureza

---

¹⁷⁴ Sobre a questão, *vide* José de MELO ALEXANDRINO, Direitos Fundamentais. Introdução Geral, Cascais, 2007, p. 83-84. Essa mesma *função de protecção* acaba por tornar-se visível na legislação da União Europeia, que frequentemente exige o acompanhamento por entidades nacionais especializadas – veja-se, por exemplo, o artigo 13.º da *Directiva Raça*.

¹⁷⁵ O Estatuto do Provedor de Justiça (EPJ) resulta da Lei 9/91, de 9 de Abril, alterada pelas Leis 30/96, de 14 de Agosto, e 52-A/2005, de 10 de Outubro. Em especial, vejam-se os artigos 20.º e 21.º, relativos a competências e poderes.

¹⁷⁶ Cfr. José Joaquim GOMES CANOTILHO e VITAL MOREIRA, Constituição..., *cit.*, pp. 440 segs. Em especial sobre a protecção dos direitos fundamentais, v. José Carlos VIEIRA DE ANDRADE, O Provedor de Justiça e a protecção efectiva dos direitos fundamentais dos cidadãos, *in O Provedor de Justiça – Estudos*, Lisboa, 2006, pp. 57 segs., e Catarina SAMPAIO VENTURA, Direitos Humanos e *Ombudsman*, Lisboa, 2007, *max.* 119 segs.

¹⁷⁷ Catarina SAMPAIO VENTURA, Direitos Humanos..., *cit.*, pp. 181 segs. Como exemplo desta aproximação à sociedade civil, a Autora aponta a iniciativa de reunião com associações de imigrantes e outras associações vocacionadas para o apoio ao imigrante, em 2004. Destas reuniões e das queixas resultantes quanto ao acesso por estrangeiros a prestações familiares e de solidariedade, resultou a *Recomendação do Provedor n.º 4/B/2005,* dirigida ao Ministro do Trabalho e da Segurança Social, no sentido de serem promovidas as alterações legislativas pertinentes, em conformidade com a Constituição (artigos 15.º e 63.º) e com as obrigações internacionalmente assumidas.

informal e desenvolve-se na sequência de queixas – de cidadãos como de estrangeiros, desempenhando mesmo uma relevante função em relação a estes últimos, em virtude da situação de especial vulnerabilidade em que possam encontrar-se[178] –, ou oficiosamente. O Provedor aprecia, sem poder decisório, acções ou omissões dos poderes públicos (sendo o controlo da actividade administrativa o seu domínio típico de actuação)[179], podendo também intervir nas relações entre particulares[180]. O Provedor tem como instrumentos privilegiados de acção a competência de dirigir recomendações aos poderes públicos e a legitimidade processual para desencadear a fiscalização da constitucionalidade[181], exercendo os seus poderes nos mais variados domínios – entre os quais, matérias atinentes ao estatuto jurídico dos estrangeiros, à situação e aos direitos das pessoas imigradas.

Entre as várias iniciativas do Provedor de Justiça nesta área contam-se os pedidos de fiscalização da constitucionalidade de normas relativas ao estatuto jurídico do estrangeiro (já referenciados *supra*), a intervenção junto de entidades administrativas (SEF, entidades locais) relativamente a pedidos de reagrupamento familiar, à emissão de vistos em postos consulares estrangeiros, de autorizações

---

[178] Apesar de a letra dos preceitos – artigos 23.º/1 da CRP, e 3.º do EPJ – poder fazer crer que o direito de queixa pertence apenas a cidadãos *portugueses,* deve entender-se como extensível a estrangeiros (e apátridas) – neste sentido, José Joaquim GOMES CANOTILHO e VITAL MOREIRA, Constituição..., *cit.*, p. 441, e Jorge MIRANDA e Rui MEDEIROS, Constituição da República Portuguesa, Anotada, I, 2.ª ed., Coimbra, 2010, p. 492. E isto, acrescenta Catarina SAMPAIO VENTURA, Direitos Humanos..., *cit.*, p. 145, independentemente de os estrangeiros terem a sua situação regularizada, sendo muitas vezes os que a não têm aqueles que mais carecem da protecção de um órgão informal como o Provedor de Justiça.

[179] Sobre o âmbito de actuação do Provedor de Justiça, vejam-se os artigos 2.º e 22.º do EPJ. Cfr. também Jorge MIRANDA, Manual...,IV, *cit.*, p. 344; a obra colectiva O Provedor de Justiça. Estudos, Lisboa, 2006, e Catarina SAMPAIO VENTURA, Direitos Humanos..., *cit.*, pp. 121 segs, *max.* 154 segs.

[180] Segundo a lei, quando exista uma "situação de domínio" (artigo 2.º/2 do EPJ). Sobre a actuação do Provedor nas relações entre particulares, Jorge REIS NOVAIS, A intervenção do Provedor de Justiça entre Privados, *in O Provedor de Justiça. Novos Estudos*, Lisboa, 2008, pp. 227 segs (disponível também para consulta em www.provedor-jus.pt, acedido em 30 de Julho de 2009).

[181] Podendo desencadear a fiscalizar abstracta sucessiva da constitucionalidade e da legalidade (artigo 281.º/2/d) da CRP), e a fiscalização da inconstitucionalidade por omissão (artigo 283.º da CRP).

de residência, de emissão de atestado de residência pelas juntas de freguesia, bem como, no âmbito dos seus poderes inspectivos, a atenção dedicada à situação dos reclusos estrangeiros[182].

3.2. A *Entidade Reguladora da Comunicação Social* (ERCS) – e, antes dela, a Alta Autoridade para a Comunicação Social (AACS)[183] –, enquanto entidade independente com poderes no âmbito da comunicação social (entre os quais a defesa dos direitos fundamentais), desempenha também um relevante papel de garantia. Trata-se, com efeito, de um domínio *sensível* nas questões de integração, pela sua influência na formação da opinião pública[184] – tal como, aliás, a CICDR teve oportunidade de notar na *Posição sobre referências a nacionalidade, etnia, religião ou situação documental em notícias a partir de fontes oficiais e em meios de comunicação social*, de 10 de Abril de 2006[185]. Daí que, também nos seus domínios de actuação, a ERCS possa ter de tomar posição pública em matérias envolvendo, designadamente, referências discriminatórias a estrangeiros e minorias imigradas[186].

---

[182] Cfr. os *Relatórios do Provedor de Justiça à Assembleia da República* (disponíveis para consulta em www.provedor-jus.pt). Sobre a actuação do Provedor de Justiça no domínio específico das migrações, Catarina SAMPAIO VENTURA, Migrações. O caso português..., cit., max. pp. 34 segs.

[183] A ERCS foi criada pela Lei 53/2005, de 8 de Novembro, e entrou em funções em 17 de Fevereiro de 2006 (com a tomada de posse do Conselho Regulador), tendo sucedido à *Alta Autoridade para a Comunicação Social*.

[184] Sobre a relação entre os *media* e a imigração, Rui MARQUES, Uma mesa..., cit., pp. 189 segs, e os estudos aí referidos. Em Dezembro de 2009 foi apresentado o estudo Imigração e diversidade étnica, linguística, religiosa e cultural na imprensa e televisão: 2008, Isabel Ferin (coord.), ERCS, 2009 (disponível para consulta em www.erc.pt, acedido em 28 de Janeiro de 2010). O estudo foi desenvolvido pela Faculdade de Letras da Universidade de Coimbra para a ERCS com o patrocínio do ACIDI, I.P.

[185] Disponível para consulta em http://www.acidi.gov.pt (acedido em 31 de Julho de 2009).

[186] *Veja-se, por exemplo, a* Deliberação 19/CONT-I/2009, *de 31 de Julho de 2009, emitida na sequência da apresentação de queixa por um particular e pelo ACIDI contra uma publicação periódica contendo uma notícia sobre estrangeiros e criminalidade. Nela se observa que estamos perante uma "das questões sensíveis das sociedades ocidentais: a integração social dos estrangeiros residentes no país e o combate ao racismo e à xenofobia, ambos desideratos civilizacionais que conferem especiais responsabilidades aos media dos quais estes não devem descartar-se" (disponível em www.erc.pt, acedida em 1 de Março de 2010).*

3.3. Debrucemo-nos agora sobre entidades com competência especializada em matéria de imigração, em especial sobre o *Alto Comissariado para a Imigração e Diálogo Intercultural, I.P.* (ACIDI), cujo estatuto foi estabelecido no DL 167/2007, de 3 de Maio[187], como órgão especialmente vocacionado para o acompanhamento da imigração e da situação das minorias[188]. Dirigido por um Alto-Comissário[189], o ACIDI tem por missão "colaborar na concepção, execução e avaliação das políticas públicas, transversais e sectoriais, relevantes para a integração dos imigrantes e das minorias étnicas, bem como promover o diálogo entre as diversas culturas, etnias e religiões" (art. 3.º/1). A sua natureza de entidade administrativa não exclui, naturalmente, que possa desempenhar uma função importante na prossecução do objectivo da integração dos migrantes e da defesa dos seus direitos fundamentais.

Entre as suas atribuições (descritas no artigo 3.º/2 do DL 167/2007), contam-se: a promoção do acolhimento dos imigrantes e minorias étnicas e o incentivo à sua participação cívica e cultural; o combate à discriminação[190]; a contribuição para a melhoria das con-

---

[187] *Configurado como um instituto público integrado na administração indirecta do Estado, dotado de autonomia administrativa, prossegue atribuições da Presidência do Conselho de Ministros (PCM), sob superintendência e tutela do Primeiro-Ministro ou de outro membro do governo integrado na PCM (artigo 1.º/1 e 2).*

[188] *Na década de 1990, e como resposta aos crescentes desafios colocados a Portugal pela imigração, foi criado, pelo DL 296-A/95, de 17 de Novembro, o* Alto Comissário para a Imigração e Minorias Étnicas, *cujo estatuto resultou do DL 3-A/96, de 26 de Janeiro, nos termos do qual competia ao Alto Comissário promover a consulta e o diálogo com entidades representativas de imigrantes em Portugal ou de minorias étnicas, bem como o estudo da temática da sua inserção (artigo 2.º/1), designadamente contribuindo para a melhoria das condições de vida dos imigrantes em Portugal [artigo 2.º/2/a)]. Em 2002 surgiu, na sequência do DL 251/2002, de 22 de Novembro, o* Alto Comissariado para a Imigração e Minorias Étnicas *(ACIME), na dependência directa do Primeiro-Ministro.*

O ACIDI, I.P. resultou da fusão do ACIME, da estrutura de apoio técnico à coordenação do Programa Escolhas, da Estrutura de Missão para o Diálogo com as Religiões e o Secretariado Entreculturas, no âmbito da reestruturação da Administração Central do Estado (PRACE), como pode ler-se no Preâmbulo do DL 167/2007 de 3 de Maio, e sucede-lhes nas suas atribuições e objectivos (artigo 15.º).

[189] *Cujas competências estão estabelecidas no artigo 5.º do DL 167/2007.*

[190] *Através de medidas positivas de sensibilização, educação e formação, mas também através da aplicação de sanções em processos contra-ordenacionais – cfr. o artigo 13.º/2 da Lei 18/2004.*

dições de vida e trabalho dos imigrantes; a dinamização dos centros de apoio ao imigrante; e a promoção da interculturalidade através do diálogo intercultural e inter-religioso[191]. A LI prevê, de resto, a obrigação de comunicação ao ACIDI de diversas decisões relativas ao *status* do imigrante, como sejam as decisões de expulsão (149.º/2) e de indeferimento do pedido de aquisição do estatuto de residente de longa duração ou de perda do referido estatuto (art. 132.º/2), o que confirma a sua vocação de órgão de controlo e acompanhamento em matéria de imigração[192].

Junto do ACIDI funcionam o *Conselho Consultivo para os Assuntos da Imigração* (Conselho Consultivo) e a *Comissão para a Igualdade e contra a Discriminação Racial* (CICDR).

Presidido pelo Alto-Comissário para a Imigração e Diálogo Intercultural, o Conselho Consultivo visa assegurar a participação e a colaboração das associações representativas dos imigrantes, dos parceiros sociais e das instituições de solidariedade social na definição das políticas de integração e combate à exclusão (artigo 6.º/1 do DL 167/2007), o que se reflecte na sua composição plural. Entre as suas competências, que exerce por iniciativa própria ou a solicitação do Alto-Comissário, contam-se a de pronunciar-se sobre os projectos de diploma relativos aos direitos dos imigrantes e a de participar na definição de políticas de integração social de promoção da igualdade, bem como de promover a defesa dos direitos dos imigrantes com respeito pela sua identidade e cultura através da formulação de propostas [artigo 6.º/4/ a), b) e d) do DL 167/2007].

A CICDR, coordenada e presidida pelo Alto-Comissário para a Imigração e Diálogo Intercultural (artigo 5.º/1/d) do DL 167/2007), foi criada pela Lei 134/99 (que proíbe as discriminações no exercício de direitos por motivos baseados na raça, cor, nacionalidade ou origem étnica) para acompanhar a sua aplicação (artigo 5.º/1 da Lei 134/99). A CICDR tem uma composição plural, nela tendo assento, designadamente, representantes da Assembleia da República, do Governo, das centrais sindicais e das associações

---

[191] *"Com base no respeito pela Constituição, pelas leis e valorizando a diversidade cultural num quadro de respeito mútuo"*, nos termos do artigo 3.º/2/e) do DL 167/2007, que aqui se transcreve por apontar no sentido da interculturalidade como proposta que assenta no diálogo e integração harmónica entre culturas (a propósito, ver *supra*, em texto).

[192] Contra, considerando a solução burocrática, Paulo Manuel COSTA, Comentário ao Anteprojecto de Proposta de Lei de Estrangeiros, Working Paper n.º 4, 2006 (disponível para consulta em www.pmcosta.co.pt, acedido em 3 de Março de 2010).

patronais, de associações de imigrantes e de associações anti-racistas[193], sendo a duração dos respectivos mandatos de três anos, renováveis por iguais períodos.

Entre as suas competências, fixadas na Lei 134/99, bem como na Lei 18/2004, contam-se designadamente recolher informação relativa à prática de actos discriminatórios e à aplicação das correspondentes sanções; promover a realização de estudos e trabalhos sobre o tema; recomendar a adopção de medidas legislativas, regulamentares e administrativas tidas por adequadas para prevenir a prática de actos discriminatórios. Cabe igualmente ao ACIDI, através da CICDR, propor medidas normativas que visem suprimir disposições contrárias ao princípio da igualdade. Tem ainda poderes no âmbito dos procedimentos contra-ordenacionais[194].

Em suma, todas estas entidades desempenham, em diferentes áreas de actuação e com instrumentos de acção diversos, uma *função de protecção dos direitos fundamentais* e devem, por isso, ser contempladas no âmbito da garantia dos direitos fundamentais dos migrantes.

---

[193] Sempre em número de dois, a que acrescem dois representantes de associações de defesa de direitos humanos e três personalidades a designar pelos restantes membros (artigo 6.º da Lei 134/99).

[194] No âmbito dos procedimentos contra-ordenacionais, a Lei 18/2004 confere à CICDR competência para tomar conhecimento de facto susceptível de ser considerado contra-ordenação [artigo 12.º/1/c)], sendo o processo, após a instrução, enviado à CICDR acompanhado do respectivo relatório final (artigo 13.º/1).

III
A aquisição da condição de imigrante

Como já se disse, um estrangeiro em Portugal não é necessariamente um imigrante – pode *tornar*-se um(a). Na realidade, descartados os turistas e os visitantes de curta duração, há pessoas que ficam por períodos consideráveis e alimentam uma relação com Portugal a qual redunda na atribuição de um estatuto: o estatuto de residente de longa duração[195]. A LI regula estes aspectos, seguindo de perto 10 directivas europeias e uma decisão-quadro do Conselho (veja-se a lista do artigo 2.º)[196]. A transposição destes actos esvazia praticamente a competência do legislador português na matéria. Por outras palavras, ele encontra-se estritamente vinculado a um quadro normativo preferente, devido ao facto de a entrada e permanência de cidadãos de Estados terceiros em Portugal constituir simultaneamente uma franquia de acesso a um território e a um mercado que extravasam os limites nacionais.

Dito isto, como se adquire a condição de imigrante[197]?

---

[195] Jorge GASPAR (A autorização..., *cit.*, p. 963) parte de um conceito similar: um imigrante é um estrangeiro que chega ao país de acolhimento e almeja aí se instalar com base em motivações laborais ou económicas.

[196] Sobre a política europeia de imigração, veja-se Miguel GORJÃO-HENRIQUES, A Europa e o «estrangeiro»: Talo(s) ou Cristo?, *in Temas de Integração*, n.º 6, 1998, pp. 23 segs.; Henry LABAYLE, L'Union Européenne et l'immigration. Une véritable politique commune?, *in Mouvement du Droit Public, Mélanges en l'honneur de Franck Moderne*, Paris, 2004, pp. 1217 segs; Helena PÉREZ MARTÍN, Libertad de circulación y de residencia: ciudadanía e inmigración en la Constitución Europea, *in Colóquio Ibérico: Constituição Europeia. Homenagem ao Doutor Francisco Lucas Pires*, Coimbra, 2005, pp. 593 segs., espec. 604 segs.

[197] Dados sobre o número de títulos de residência emitidos pelo SEF podem ser consultados, até 2008, em http://www.sef.pt/portal/v10/PT/aspx/estatisticas.

Em **primeiro** lugar, o estrangeiro deve entrar no território legalmente[198] – ou, excepcionalmente, beneficiar de um regime extraordinário de legalização[199] –, o que implica obter um visto. Caso deseje ficar por um longo período, trabalhando ou estudando, necessitará de um visto de residência [artigo 45.°/e)][200]. Os consulados portugueses no país de origem são as entidades competentes para emitir vistos [artigo 48.°/1/b)], num prazo de 60 dias após a apresentação do pedido (artigo 58.°/4)[201], devendo, todavia, consultar previamente o Serviço de Estrangeiros e Fronteiras (=SEF)[202], que tem 20 dias para responder – o silêncio significa não oposição à emissão do visto [artigo 53.°/1/a) e n.° 6]. O visto deve ser recusado em qualquer das situações previstas no artigo 52.°/1, 3 e 4: caso a pessoa tenha sido expulsa do país (e ainda não tenha decorrido o período de não readmissão[203]); se o nome da pessoa constar do sistema, nacional e/ou europeu[204] de não admissão[205]; se a pessoa, mesmo que (ainda) não

---

[198] Confrontem-se os requisitos de recusa de entrada estabelecidos no artigo 32.° da LI – que correspondem parcialmente aos fundamentos de recusa de visto (artigo 52.° da LI). Sublinhamos o facto de as autoridades portuguesas não poderem recusar a entrada de cidadãos estrangeiros nos casos descritos no artigo 36.° da LI: estrangeiros nascidos em território português e aqui habitualmente residentes; estrangeiros com menores de cidadania portuguesa a cargo; e estrangeiros com menores de cidadania não portuguesa mas legalmente residentes em Portugal.

Veja-se também *infra*, nota 215, sobre o artigo 122.°/1/j) e n) da LI.

[199] Em Portugal houve, até hoje, três legalizações extraordinárias: em 1992 (Lei 212/92, de 12 de Outubro), em 1996 (Lei 16/96, de 24 de Maio) e em 2004 (veja-se o artigo 71.° do Decreto 6/2004, de 26 de Abril, reportando-se ao artigo 52.°/3 do DL 244/98, de 8 de Agosto, alterado pelo DL 34/2003, de 25 de Fevereiro).

[200] Doravante, todos os artigos citados sem indicação de fonte devem entender-se como integrando a LI.

[201] Mas aponte-se a excepção constante do n.° 3 do artigo 53.°, relativa à urgência na concessão de vistos para exercício de actividade profissional independente.

[202] Sobre a estrutura e competências do SEF, veja-se o DL 252/2000, de 16 de Outubro.

[203] Este período deve ser fixado na decisão de expulsão. A LI determina um prazo máximo de 5 anos (artigo 144.°), o que não significa, evidentemente, que após o transcurso de tal lapso temporal, o estrangeiro tenha automaticamente um direito a reentrar.

[204] O sistema europeu de vigilância é o *Sistema de Schengen*. Foi desenvolvido após a assinatura dos Acordos de Schengen de 1985/1990, que visaram abolir os controlos fronteiriços dentro do espaço da Comunidade Europeia e estabelecer regras comuns sobre vistos, sobre direito de asilo e sobre controlo de entradas de cidadãos de países terceiros. O *Sistema de Schengen* redunda numa medida compensatória de contrapeso da concessão de ampla

identificada por estes sistemas, constitui uma ameaça séria à ordem pública, à segurança pública ou à saúde pública[206]; se a pessoa foi condenada por um crime que, em Portugal, envolveria um período de encarceramento superior a um ano; se a pessoa não tiver meios de subsistência[207]; se a pessoa não possuir documento de viagem válido;

---

liberdade de deslocação no espaço europeu e consiste numa base de dados que recolhe informações sobre pessoas e bens com vista à luta contra o crime organizado. O Sistema passa actualmente por uma evolução técnica, que pretende implementar uma transmissão mais rápida de informação, evolução essa que deu origem a várias decisões do Conselho que criaram o SIS II (*Schengen System II*).

Presentemente, apenas Chipre, Roménia e Bulgária estão fora do Sistema, de entre Estados-membros da União Europeia. A Noruega, a Islândia, e a Suíça, apesar de não serem membros da Comunidade, estão ligadas ao Sistema através de um acordo de cooperação.

Recentemente, o Regulamento (UE) n.º 265/2010 do PE e do Conselho de 25 de Março de 2010 veio alterar a Convenção de Aplicação do Acordo de Schengen, e o Regulamento (CE) n.º 562/2006 no que se refere à circulação de pessoas titulares de um visto de longa duração, no sentido de equiparar os vistos de longa duração aos títulos de residência no que diz respeito à livre circulação dos titulares no Espaço Schengen. Para mais detalhes, consulte-se http://europa.eu/scadplus/leg/pt.

[205] Vejam-se os artigos 32.º e 33.º: as hipóteses de recusa de entrada aí descritas prendem-se com questões de segurança pública (interna e externa) e podem assentar em suspeitas (embora estas devam ser "fortes") sobre a possível prática de actos contrários à ordem pública e à segurança interna e externa.

Questionando, à face do regime anterior, a conformidade da recusa de entrada com base *em fortes indícios de terem sido praticados factos puníveis graves ou de que tencionam praticar factos puníveis graves* (artigo 25.º do DL 244/98) com "as exigências de certeza que a Constituição impõe aos actos legislativos", Carlota Pizarro de ALMEIDA, Exclusões formais..., *cit.*, pp. 37 segs.

[206] Mesmo que o visto seja emitido, a pessoa pode não ver franqueada a entrada se entretanto se tornou uma ameaça à saúde pública. Nesta hipótese, a recusa deve ser fundada na existência de uma doença reconhecida pela Organização Mundial de Saúde ou especificamente identificada pelas autoridades nacionais. O estrangeiro pode ser chamado a realizar exames médicos de modo a comprovar que não sofre de nenhuma de tais doenças – cfr. o artigo 32.º/2 e 3 da LI. É de notar a natureza *eventual* da realização destes controlos.

[207] A Portaria n.º 1563/2007, de 11 de Dezembro, fixou os meios de subsistência de que devem dispor os cidadãos estrangeiros para a entrada e permanência no território nacional, designadamente para a concessão de vistos e prorrogação de permanência e concessão e renovação de títulos de residência (artigo 1.º), delimitando o conceito de "meios de subsistência" por referência à retribuição mínima mensal garantida. Posteriormente, a Portaria n.º 760/2009, de 16 de Julho, veio adoptar uma solução excepcional e temporária (a rever no prazo de um ano, nos termos do n.º 2 do artigo 3.º) quanto à fixação dos meios de subsistência. Como se lê no *Preâmbulo*, este regime excepcional visa dar resposta ao contexto de crise vivido no país (e em geral), com reflexo na situação dos imigrantes

e se a pessoa não subscreveu um seguro de viagem. À excepção do direito à correcção de erros sobre os seus dados (artigo 52.º/5), estas decisões não são passíveis de recurso.

Os vistos de residência são o primeiro passo para obter uma autorização de residência e são válidos por 4 meses (artigo 58.º/1 e 2). Há seis tipos de visto de residência[208]:

i.) com vista ao exercício de trabalho subordinado (artigo 59.º). A concessão deste visto depende da consulta de um contingente – fixado anualmente pelo Governo – de oportunidades de trabalho não aproveitadas nem por trabalhadores portugueses nem por trabalhadores de Estados-membros da União Europeia e equivalentes nem, finalmente, por trabalhadores estrangeiros já residentes em Portugal (artigo 59.º/1)[209]. A única excepção é a descrita no n.º 7: nesse caso, o trabalhador estrangeiro pode ficar com o posto se tiver contrato e lhe for possível demonstrar que a oferta foi recusada pelos trabalhadores mencionados no n.º 1;

"sujeitando-os a situações de instabilidade temporária no emprego ou desemprego", sendo que "nada justificaria que razões conjunturais determinassem, de forma quase automática, a cessação da permanência dos trabalhadores afectados e das suas famílias em território nacional".

Assim, nos termos do n.º 1 do artigo 1.º deste diploma, *ao requerente (e aos membros do agregado familiar) que comprove estar em situação de desemprego involuntário e declare não poder manter a disponibilidade ou a possibilidade de adquirir legalmente os meios de subsistência previstos na Portaria n.º 1563/2007, de 11 de Dezembro, pode ser prorrogada a permanência correspondente ao tipo de visto, atendendo ao período de tempo de prorrogação solicitado, renovado o título de residência temporária, renovada a autorização de residência permanente ou concedida a residência de longa duração.*

Sobre o conceito de "meios de subsistência" a propósito da aquisição derivada de nacionalidade, vide o Acórdão 599/05 do Tribunal Constitucional, onde se decidiu *não julgar inconstitucional a norma constante do artigo 6.º, n.º 1, alínea f), segunda parte, da Lei n.º 37/81, de 3 de Outubro, na redacção dada pela Lei n.º 25/94, de 19 de Agosto, enquanto entendida no sentido de exigir que os estrangeiros que pretendam obter a cidadania portuguesa possuam capacidade para assegurar a sua subsistência.* Ver ainda Jorge PEREIRA DA SILVA, "Culturas da cidadania"..., *cit.*

[208] Ver também os artigos 10.º e segs do Decreto Regulamentar 84/2007, de 5 de Novembro.

[209] O contingente para 2010 foi fixado pela Resolução do Conselho de Ministros 21/2010, de 26 de Março (*in DR*, 1.ª Série, n.º 60, p. 953).

ii.) com vista ao exercício de profissão liberal ou de actividade empresarial por conta própria (artigo 60.º);

iii.) com vista a desenvolver investigação científica ou outra actividade altamente qualificada (artigo 61.º);

iv.) com vista a frequentar um estabelecimento de ensino secundário, no âmbito de programas de intercâmbio, ou para realizar estágios ou desenvolver trabalho em regime de voluntariado (artigo 62.º);

v.) com vista a frequentar instituições de ensino universitário (artigo 63.º); e

vi.) com vista ao reagrupamento familiar (artigo 64.º). O pedido deve ser apresentado ao SEF pelo estrangeiro já residente em Portugal titular de uma autorização de residência permanente ou a quem tenha sido reconhecido o estatuto de residente de longa duração – cfr. o artigo 103.º. A decisão cabe ao Director do SEF (artigo 102.º), num prazo de 3 meses[210], deve subor-

---

[210] Repare-se que o artigo 105.º/1 e 3 é equívoco. Por um lado, o n.º 1 refere que a decisão é notificada "logo que possível e em qualquer caso, dentro de três meses; por outro lado, o n.º 3 estatui que, se após decorrerem seis meses a decisão não for notificada, o silêncio equivale a deferimento. Donde, só após o decurso de seis meses após a apresentação do pedido pode o requerente dirigir ao SEF um pedido de certificação do silêncio-assentimento e comunicar tal facto ao Consulado competente para emitir o visto. Antes disso, ou o requerente recebe uma resposta positiva expressa ou deve aguardar seis meses até que ela se forme tacitamente (esta solução é repetida pelo legislador nos artigos 117.º/4 e 7, e 129.º/3 e 5).

Esta fórmula legislativa levanta pelo menos duas questões:

– Está o SEF autorizado a denegar a pretensão uma vez passados três meses em silêncio?

– Depois dos três meses iniciais, deve admitir-se a hipótese de o requerente propor uma acção de condenação do SEF à prática do acto legalmente devido (favorável ou não, consoante o que se responder à primeira questão), nos termos dos artigos 66.º e segs do CPTA? E poderá a reacção tomar a forma de uma intimação para protecção de direitos, liberdades e garantias (artigo 109.º do CPTA), neste caso para protecção do direito fundamental à família e à convivência familiar (artigo 36.º da CRP), determinado por força da sua concretização legal?

Considerando que a noção "constitucional" de "direito, liberdade e garantia" é imprestável na justiça administrativa, e propondo que o recurso à intimação para protecção de direitos, liberdades e garantias dependa de, verificados os restantes pressupostos, se tratar de um direito fundamental em sentido material e ter um conteúdo normativo "tão precisamente determinado (pela Constituição e/ou pela lei) que permita a intervenção do juiz administrativo sem perda ou afectação da separação de poderes própria do Estado de Direito",

dinar-se às condições prescritas no artigo 101.º (que estabelecem que o estrangeiro residente tenha alojamento e meios de subsistência para sustentar os familiares), e não pode afrontar o artigo 106.º (ou seja, o residente não reúne as condições do artigo 101.º, ou o membro da família vê-lhe recusada a entrada por razões de segurança ou saúde públicas). Deve acrescentar-se que a LI considera *membros da família* todas as categorias de pessoas elencadas no artigo 99.º, e é extensível ao parceiro em união de facto e à família deste, caso o parceiro tenha a custódia legal dos menores em causa[211].

Depois desta primeira fase, os estrangeiros estão prontos para iniciar uma nova (**segunda**) etapa: obter a autorização de residência temporária [artigo 74.º/1/a)][212]. Tal autorização é válida por um ano e renovável por períodos de dois anos[213] (artigo 75.º/2). Para além dos princípios gerais aos quais a Administração se encontra vinculada[214], as condições de concessão desta autorização estão fixadas no artigo 77.º e prendem-se simultaneamente com premissas *positivas* (visto

---

Jorge REIS NOVAIS, "Direito, liberdade ou garantia": uma noção constitucional imprestável na justiça administrativa?, Anotação ao Acórdão do TCASul de 6 de Junho de 2007, *in CJA*, n.º 73, 2009, pp. 44 segs, 59.

Uma questão interessante será, neste caso, a da fixação dos poderes de pronúncia do tribunal (artigos 71.º e 95.º do CPTA), uma vez que, tratando-se de direitos fundamentais – neste caso, direito à vida familiar – se deve entender reduzida a margem de discricionaridade administrativa.

[211] Note-se que a LI alargou os beneficiários de reagrupamento familiar, em comparação com regime legal anterior.

[212] Vejam-se identicamente os artigos 51.º segs do Decreto Regulamentar 84/2007, de 5 de Novembro.

[213] No caso de estudante de nível universitário, o artigo 91.º/2 estatui que esta autorização é válida por um ano e renovável por igual período. Cumpre aludir ao caso excepcional de pessoas vítimas de tráfico humano a quem é permitido, com base na secção V do Capítulo VI, permanecer no território nacional estritamente para fins ligados à investigação (se o estrangeiro assim o desejar), por períodos de um ano, renováveis (desde que as circunstâncias justifiquem a permanência).

[214] De entre os quais o princípio da igualdade, que obriga as autoridades a observar critérios idênticos na concessão de autorizações a imigrantes cujas situações sejam objectivamente idênticas àquelas que beneficiaram de decisões favoráveis – veja-se o Acórdão do STA de 6 de Novembro de 2003 (proc. 080/02).

válido[215]; presença no território nacional; alojamento; meios de subsistência) e *negativas* (não ter cometido crimes aos quais corresponda pena de prisão superior a um ano; não ter sido proibido de entrar em território nacional; não constituir uma ameaça à segurança e saúde públicas). O pedido é extensível a menores a cargo do peticionante (artigo 81.º/2).

A renovação da autorização está sujeita às mesmas condições, e também à prova do cumprimento das obrigações sociais e fiscais por parte do requisitante (cfr. o artigo 78.º)[216]. No caso especial de ter sido preso, o estrangeiro pode ainda assim pedir a renovação, mas apenas se a pena não tiver sido acompanhada de uma ordem de expulsão (artigo 79.º).

O SEF é competente para decidir sobre pedidos de autorização de residência (artigo 81.º). O primeiro pedido deve ser deferido num prazo de 60 dias – 30 dias para a renovação. Neste último caso, se a resposta não for comunicada ao requerente num prazo de 6 meses, a decisão é considerada favorável (artigo 82.º/3)[217]. Em caso de recusa,

---

[215] A secção VII trata de casos especiais que não envolvem a emissão de um visto previamente à concessão de autorização. O artigo 122.º inclui dezassete situações bem diversas, desde as de filhos de estrangeiros nascidos em Portugal, passando pelas de pessoas doentes que necessitam assistência médica em território nacional, até às de cidadãos estrangeiros (que viveram nas antigas colónias) e que prestaram serviço nas Forças Armadas portuguesas, entre outras. A hipótese descrita em n) é particularmente relevante, porque respeita a estrangeiros vítimas de exploração laboral, que entraram no país ilegalmente, ou na base de falsas promessas de trabalho – desde que tenham denunciado a situação às autoridades portuguesas e tenham com elas cooperado com vista à punição dos empregadores. Esta excepção, bem como aquela a que se reporta a alínea j) constitui, ao cabo e ao resto, uma via de legalização (extraordinária?).

O artigo 123.º ainda é mais especial – na verdade, alude a um "regime excepcional" –, porque se aplica a situações de interesse humanitário e outras baseadas em argumentos da interesse nacional ou público, nomeadamente ao facto de a pessoa exercer actividade relevante numa área científica, cultural, desportiva, económica ou social.

[216] Sobre o preenchimento do requisito *meios de subsistência* referido no artigo 78.º/2/a), considerando que deve ser apreciado em função da situação económica – presente (reportada ao momento do pedido ao SEF), não passada – do requerente de renovação de autorização de residência temporária, *vide* o Acórdão do TCASul, de15 de Outubro de 2009 (proc. 5242/2009).

[217] A lei não se refere ao deferimento tácito do primeiro pedido – apenas o admite para a renovação. O que levanta duas alternativas interpretativas:
– quando o SEF não responda a um pedido de autorização de residência (temporária ou permanente), o requerente deve utilizar a acção administrativa especial para a condenação

o requerente pode pedir ao tribunal administrativo que reveja a decisão (artigo 82.º/4). Há idêntica possibilidade de acesso à justiça administrativa caso a autorização seja cancelada pelo SEF baseada, ou na expulsão do estrangeiro, ou no facto de ele se ter tornado uma ameaça à segurança ou saúde públicas, ou ainda por se ter ausentado de território nacional por um considerável período de tempo (veja-se o artigo 85.º/1 e 2 – especialmente o n.º 7). Cumpre sublinhar que a estas condições gerais de cancelamento (e de recusa de renovação de autorizações) podem juntar-se outras, como as mencionadas no artigo 95.º (relativas a autorizações para estudantes do ensino superior, para desenvolver estágios profissionais ou actividades de voluntariado) e também aquelas a que alude o artigo 108.º.

Depois de ter permanecido no país durante pelo menos cinco anos, os estrangeiros podem candidatar-se, ou à concessão de uma autorização de residência permanente[218] ou ao estatuto de residente de longa duração[219] – é o **terceiro** passo. Na realidade, a única diferença entre os requisitos definidos para ambos é o grau de conhecimento da língua portuguesa [cfr. os artigos 80.º/1/e) e 126.º/1/e)]. Assim, após o *primeiro passo* – visto –, e o *segundo* – autorização de residência temporária[220] –, no *terceiro* momento, o visitante finalmente (e formalmente) torna-se um imigrante.

---

da entidade à prática do acto devido (artigos 66.º e segs. do CPTA), num prazo de seis meses. A situação do estrangeiro será, no entanto, ilegal até que o tribunal administrativo decida. Uma eventual correcção desta lacuna legal passaria, porventura, e pelo menos no que concerne a autorizações permanentes, por admitir o uso do meio urgente estabelecido no artigo 109.º do CPTA, para defesa do direito, liberdade ou garantia que no caso e mais consistentemente se verifique ameaçado: *v.g.*, direito à unidade da família, direito à integridade psíquica, direito ao desenvolvimento da personalidade...; ou

– quando o SEF não se pronunciar sobre um pedido de autorização de residência (temporária ou permanente), a regra do artigo 82.º/3 da LI também se aplica ao caso, o que significa que o silêncio vale deferimento, numa lógica de *in dubio pro* (expectativas criadas ao) *imigrante*.

[218] Vejam-se também os artigos 64.º e segs do Decreto Regulamentar 84/2007, de 5 de Novembro.

[219] Vejam-se também os artigos 74.º e segs do Decreto Regulamentar 84/2007, de 5 de Novembro.

[220] A situação especial em que se encontram os cidadãos brasileiros deve ser ressalvada, em virtude do *Acordo de Lisboa*, de 2003 – ver *supra*, I.1. b) *ii.*).

As autorizações de residência permanente e os estatutos de residente de longa duração permitem ao imigrante descansar de formalidades burocráticas. Estes actos não têm prazo de validade (cfr. os artigos 76.º/1 e 129.º/8), apesar de os títulos em que se materializam[221] deverem ser renovados a cada lustro (artigos 76.º/2 e 130.º/2). Isto não significa que não possam ser perdidos: como vimos, as autorizações podem ser canceladas. E, no que concerne ao estatuto de residente de longa duração, este também pode ser revogado, com base em: – fraude na obtenção; – expulsão judicial; – aquisição de um estatuto de residente de longa duração noutro Estado-membro; ou – abandono do território português ou da União Europeia por um período de 12 meses consecutivos ou por seus anos consecutivos, respectivamente (cfr. o artigo 131.º/1).

Estas decisões, assim como as recusas de concessão de autorizações ou de estatutos de residente, estão sujeitas a impugnação judicial nos tribunais administrativos, sem embargo de a LI garantir a especial protecção em casos de recusa e revogação de estatuto: o processo judicial suspende automaticamente a eficácia da medida (artigo 132.º/3)[222].

Pode ser-se tentado a afirmar que, na prática, esta diferença não é particularmente relevante, uma vez que o contencioso administrativo garante protecção provisória através de suspensão jurisdicional de eficácia de actos, nos termos do artigo 128.º/1 do CPTA. Numa segunda leitura mais atenta, todavia, as coisas podem não se revelar assim tão lineares:

– *Primo*, uma vez que o processo judicial não suspende, por si só, os efeitos do acto, o autor vê-se obrigado a requerer protecção cautelar, o que duplica os meios e custos e deixa a concessão da suspensão nas mãos do juiz (primeiro, quando analisa as razões apresentadas pelo SEF para justificar a continuação de execução do acto; segundo, quando decide o pedido de tutela cautelar). Esta solução, constante do artigo 132.º/3 da LI, repousa num *processo único* e *não deixa ao juiz qualquer margem de rejeição do pedido de suspensão*;

– *Secundo*, quando a lei refere um processo que suspende imediatamente os efeitos do acto, aponta para um processo especial porque, em

---

[221] *Título de residência* e *Título CE de residente de longa duração*, respectivamente.

[222] Esta solução difere daquelas prescritas no artigo 85.º/7 (e desnecessariamente nos artigos 96.º/4 e 106.º/7): estas acções não suspendem, por si só, os efeitos dos actos. Curiosamente, os artigos 106.º/8 e 108.º/7, relativos ao reagrupamento familiar, revelam uma abordagem diferente, provavelmente em razão da necessidade de providenciar um nível de protecção mais forte por estarem em jogo os valores da família.

princípio[223], o processo administrativo não tem essa virtualidade. Como vimos, se o requerente não beneficia de uma cláusula especial, deve lançar-se mão dos meios gerais de defesa regulados no CPTA, no âmbito do qual existem duas fases: o pedido de tutela cautelar (suspensão) e o pedido de anulação do acto.

O processo especial da LI, quando aponta para uma suspensão imediata dos efeitos negativos do acto, mais se aproxima da intimação para protecção de direitos, liberdades e garantias, acolhida pelo artigo 109.º do CPTA. Desde logo, porque se trata de um processo urgente especialmente ajustado aos valores em jogo em processos deste tipo. Depois, uma vez que é anormalmente rápido (teoricamente, o problema deveria ser resolvido em cerca de uma semana). Finalmente, porque a eficácia da protecção providenciada é muito superior à da tutela cautelar.

Como se viu, a Constituição garante aos estrangeiros iguais direitos aos dos nacionais, excepto no que toca ao exercício de funções soberanas (juízes; deputados à Assembleia da República; membros do Governo; Chefe de Estado) e a funções públicas com carácter não exclusivamente técnico (cfr. o artigo 15.º/2 da CRP). Então, normas como os artigos 83.º e 133.º[224] são basicamente inúteis e podem induzir em erro, uma vez que pode pensar-se que os direitos aí enunciados são os únicos reconhecidos aos imigrantes (como os direitos à educação, ao trabalho, à frequência de estágios profissionais, a cuidados de saúde e ao acesso à justiça). Mesmo que seja relativa-

---

[223] Cumpre aludir às acções previstas nas leis de planeamento urbanístico, promovidos pelo Ministério Público, as quais adoptam a mesma solução de suspensão imediata (apesar de aceitarem que o juiz pode rever a decisão de "concessão" da suspensão). Sobre esta solução, ver Carla AMADO GOMES, A tutela urgente no Direito do Urbanismo – algumas questões, in *Textos dispersos de Direito do Património Cultural e de Direito do Urbanismo*, Lisboa, 2008, pp. 181 segs, *max*. 225 segs.

[224] Criticando estas normas, v. José de MELO ALEXANDRINO, O novo regime..., *cit.*, pp. 93 segs. Veja-se também Imigração, Desenvolvimento e Coesão Social em Portugal: parecer face ao Anteprojecto de Proposta de Lei que regula as Condições de Entrada, Permanência, Saída e Afastamento de Estrangeiros do Território Português, Relatório CES, 2006, disponível em www.ces.pt (acedido em 1 de Agosto de 2009).

O artigo 133.º, introduzido no regime de estrangeiros pelo diploma actual, reproduz, com alterações, o disposto no artigo 11.º da Directiva 2003/109/CE, de 25 de Novembro. No entanto, a própria directiva, da mesma forma que ressalva a possibilidade de os Estados concederem benefícios para além dos consagrados, também admite a possibilidade de os Estados restringirem a igualdade de tratamento, condição necessária para conseguir consenso nas negociações.

mente consensual que estas listas se reportam aos direitos mais comummente exercidos pelos imigrantes, existe um risco de as ver como listas fechadas – uma interpretação contrária não só ao princípio da igualdade resultante do artigo 15.º/2, mas também ao princípio da universalidade, fundado no artigo 12.º (ambos da CRP)[225]. Deve, portanto, recusar-se qualquer interpretação que retire, *a contrario,* da leitura destas disposições a limitação dos direitos dos estrangeiros aos aí enunciados.

Não cremos, pois, que tais normas sejam inconstitucionais: não se trata de violação do artigo 15.º, mas de *interpretação conforme* ao artigo 15.º CRP. O estatuto jurídico do imigrante não resulta apenas da LI, especialmente vocacionada para regular a questão da entrada, permanência e afastamento dos estrangeiros. Aquele estatuto, face à ordem jurídica portuguesa, decorre necessariamente, do ponto de vista do direito de fonte interna, da articulação das normas constitucionais e infra-constitucionais que possam reflectir-se na sua condição de *pessoa,* nas suas múltiplas dimensões: trabalhador, beneficiário da segurança social, utente dos serviços de saúde e/ou da rede de ensino, associado, munícipe, eleitor[226].

Daí que, para além da impossibilidade de exercício de alguns cargos soberanos e funções públicas, e da possibilidade de expulsão[227], os imigrantes (legais) não se distinguem dos cidadãos portugueses, europeus e equivalentes, e devem receber tratamento absolutamente idêntico por parte da Administração. Certo, o estatuto (quer dos que recebem autorizações quer dos que têm estatuto de residentes de longa duração) é de certa forma precário, uma vez que os títulos podem ser revogados pela Administração. Mas os motivos de revogação estão listados e há sempre acesso à justiça administrativa para controlo da legalidade da decisão, bem assim como assistência judiciária.

---

[225] E que é, com efeito, afastada pela redacção do artigo 133.º, ao estabelecer uma enumeração exemplificativa e ressalvar expressamente que os direitos são os resultantes da Constituição e da lei.

[226] Apesar das diferentes formulações dos artigos 83.º e 133.º, deve entender-se que os direitos por eles reconhecidos são idênticos, dado que à luz dos princípios constitucionais referidos não há, à partida, fundamento para a diferença de estatuto entre estrangeiros residentes. Em todo o caso, e como se disse *supra,* estes elencos não podem ter-se por taxativos.

[227] Uma vez mais recordamos a regra estabelecida no artigo 135.º, proibindo a expulsão de cidadãos estrangeiros em certos casos.

IV
A expulsão de imigrantes

Há dois tipos de expulsão: a determinada pela Administração e a ordenada pelo juiz. Esta diferença tem as suas raízes na garantia estabelecida no artigo no artigo 33.º/2 da CRP[228]: os estrangeiros que se encontrem legalmente no país só podem ser expulsos por ordem judicial.

Vamos passar uma rápida vista por ambos, assinalando as premissas em que assentam. Antes disso, todavia, queremos formular três observações prévias:

1. Há quatro categorias de imigrantes que não podem ser expulsos em caso algum[229]: aqueles que nasceram em Portugal e aqui residem; os que têm filhos a cargo a viver em Portugal, com nacionalidade portuguesa; os que têm *efectivamente* a cargo filhos a viver em Portugal; e os que tenham vivido em Portugal desde data anterior aos 10 anos de idade (artigo 135.º)[230];
2. A decisão de expulsão, quando originária da Administração, não é considerada um acto político: pode, portanto, ser revista pelos tribunais administrativos[231]. Esta precisão é especial-

---

[228] Sobre o sentido do artigo 33.º/2 da CRP, ver Jorge MIRANDA e Rui MEDEIROS, Constituição..., *cit.*, pp. 747-749.

[229] Estas categorias foram introduzidas pela Lei 244/98, de 8 de Agosto, que foi substituída pela LI vigente.

Note-se que, em caso de violação da medida de interdição de entrada em território nacional (artigo 187.º), o juiz pode decretar acessoriamente à pena principal a expulsão do cidadão estrangeiro, com observância do disposto no artigo 135.º.

[230] Sobre a jurisprudência do Tribunal de Estrasburgo em matéria de expulsão de estrangeiros "integrados", Roberta MEDDA-WINDISCHER, Old and new..., *cit.*, pp. 135 segs.

[231] Especificamente sobre o processo equitativo e acesso à justiça por imigrante em Portugal, André Gonçalo DIAS PEREIRA, Garantias processuais e acesso ao direito e aos tribunais. A protecção específica dos estrangeiros, *in Direitos humanos...*, *cit*, pp. 201 segs.

mente importante porque deixar a interpretação de conceitos como "ameaça à ordem pública" (mesmo quando é somente uma presunção) ou "ameaça à dignidade do Estado" exclusivamente nas mãos da Administração poderia redundar em análises arbitrárias[232];

3. De acordo com o artigo 143.º – que faz eco do artigo 33.º/6 da CRP, relativo à extradição[233] –, a expulsão não pode envolver o envio do cidadão estrangeiro para um Estado onde possa ser sujeito a tortura ou a tratamentos degradantes (cfr. também o artigo 3.º da Convenção Europeia dos Direitos do Homem)[234]. O imigrante deve provar o receio de perseguição com vista a evitar ser enviado para esse país. Nestes casos, quer a decisão administrativa de expulsão, quer a sentença com o mesmo objectivo devem mencionar destinos alternativos.

1. A expulsão administrativa

A expulsão de um estrangeiro pelo SEF obedece a um princípio: só imigrantes ilegais podem ser expulsos administrativamente sem prévia pronúncia de um juiz (artigos 140.º/2 e 145.º da LI). Os imigrantes ilegais são os estrangeiros que entraram no país sem um visto (válido)[235], ou aqueles que permanecem em Portugal sem autorização válida (temporária ou permanente) – porque nunca a obtiveram, ou foi cancelada – ou, finalmente, os que viram revogado o seu estatuto de residente de longa duração.

Quando um estrangeiro é encontrado em Portugal em situação irregular, pode ser detido pelas autoridades (artigo 146.º/7) e entregue

---

[232] No limite, estaríamos muito próximos das doutrinas do século XIX, que consideravam que se um Estado independente não se sentisse livre para expulsar um estrangeiro, tal Estado não seria verdadeiramente independente, como afirmou o *Supreme Court* americano no *Chinese Exclusion Case* de 1889 (*Chae Chan Ping vs. United States*) – cfr. Charles P. GOMES, Les limites de la souveraineté..., *cit.*, pp. 426-427.

[233] Neste sentido, José Joaquim GOMES CANOTILHO e Vital MOREIRA, Constituição..., *cit.*, pp. 531-532.

[234] Cfr. Ireneu Cabral BARRETO, A Convenção...,*cit.*, pp. 76 segs.

[235] Recorde-se que o visto é dispensado nos 17 casos reunidos no artigo 122.º – cfr. *supra*, nota 215.

ao SEF, embora deva ser presente a um juiz criminal em 48 horas. Este órgão pode determinar quer a obrigação periódica de apresentação junto do SEF até à conclusão de processo, quer a obrigação de permanência na residência sujeito a vigilância electrónica, quer, finalmente, a recondução a um centro de instalação temporária, se razões de segurança pública assim o determinarem (vejam-se os artigos 142.º/1, 146.º/2, e 3.º da Lei 34/94, de 14 de Setembro, sobre centros de instalação[236]) – neste último caso, o confinamento não poderá exceder 60 dias (artigos 146.º/3, e 3.º/2 da Lei 34/94)[237]. A prisão preventiva está expressamente excluída (artigo 142.º/1). Se o estrangeiro manifestar vontade de abandonar voluntariamente o território nacional e tiver documentos para o fazer, deve ser remetido ao SEF pelo juiz e conduzido à fronteira no mais curto espaço de tempo. Note-se que, nesta hipótese, não há lugar a nenhuma decisão de expulsão e o estrangeiro fica (apenas) proibido de reentrar em Portugal por um ano (artigo 147.º/2).

A celeridade é uma nota dominante do processo de expulsão; contudo, ele envolve necessariamente um momento de audiência contraditória e outras medidas de instrução (ver, sobretudo, os artigos 32.º/10 da CRP e 148.º)[238].

---

[236] Veja-se identicamente o DL 85/2000, de 12 de Maio, que equipara centros de acolhimento em aeroportos em centros de instalação temporária, com base na Resolução do Conselho de Ministros 76/97, de 17 de Abril.

Sobre a qualificação da colocação em centro de instalação temporária como "detenção" para efeito de contagem dos prazos para prisão preventiva, vide o Acórdão do Tribunal da Relação de Guimarães, de 21 de Agosto de 2008 (proc. 1845/2007). Sobre a possibilidade de invocação da providência de *habeas corpus* face a detenção em centro de instalação temporária, vide o Acórdão do STJ de 3 de Dezembro de 2009 (proc. 76/09.5ZRLRA-A.S). Salvo indicação diferente, os acórdãos dos tribunais judiciais referidos neste texto estão disponíveis para consulta em www.dgsi.pt.

[237] O artigo 4/3 da Directiva 2008/115/CE, do Parlamento Europeu e do Conselho, de 16 de Dezembro, sobre o regresso de imigrantes ilegais aos país de origem, reconhece aos Estados-membros a opção de estabelecer regras mais favoráveis, nomeadamente do que a que fixa num máximo de seis meses o período de permanência dos imigrantes em centros de acolhimento (cfr. o artigo 15/5 e 6).

[238] Sobre o direito a uma audiência contraditória neste contexto, veja-se o Acórdão do STA de 15 de Maio de 2007 (proc. 01176/06), à face dos n.ᵒˢ 1 e 2 do artigo 118.º do DL 244/98, de 8 de Agosto (na redacção dada pelo DL 34/2003, de 25 de Fevereiro) – cuja redacção era idêntica à dos actuais n.ᵒˢ 1 e 2 do artigo 148.º.

Como nota MELO ALEXANDRINO[239], ao contrário do que sucede em relação ao procedimento de expulsão determinada por autoridade administrativa (artigo 148.º/1), e também em relação à decisão de recusa de entrada (artigo 38.º/1) e à decisão de cancelamento da autorização de residência emitida ao abrigo do direito ao reagrupamento familiar (artigo 108.º/4), o legislador não estabeleceu expressamente a formalidade de audiência dos interessados a propósito do cancelamento da autorização de residência (artigo 85.º), não renovação da autorização de residência (artigo 95.º), indeferimento do pedido de reagrupamento familiar (artigo 106.º) ou perda do estatuto de residente de longa duração (artigo 131.º).

No entanto, tratando-se de procedimentos administrativos, deve aplicar-se o disposto no Código do Procedimento Administrativo sobre a participação dos interessados na formação da decisão administrativa [nos artigos 59.º e, sobretudo, nos artigos 100.º segs (estabelecendo o artigo 103.º as situações de dispensa de audiência, entre as quais figura a *urgência* no procedimento – artigo 103.º/1/a)], tanto mais que se perfilha o entendimento segundo o qual a participação dos interessados (artigo 267.º/5 da CRP), corporizada no direito de audiência, é um direito fundamental dos administrados de natureza análoga a direitos, liberdades e garantias (artigo 17.º da CRP)[240].

O projecto de decisão é transmitido ao Director do SEF e deve conter uma fundamentação clara, tal como deve estabelecer as obrigações a que o expulsando fica adstrito, o período durante o qual não pode reentrar no país, além de ter que mencionar os países para

---

Ainda sobre o alcance das garantias de defesa do estrangeiro expulsando, à luz do n.º 1 do artigo 118.º do mesmo DL 244/98, veja-se o Acórdão do TCANorte de 17 de Julho de 2008 (proc. 0172/05.7BEPRT), no qual se decidiu que a mencionada norma, ao assegurar ao estrangeiro sujeito ao processo administrativo de expulsão todas as garantias de defesa, "nelas não integra a obrigatoriedade dele ser assistido por advogado defensor aquando da prestação de declarações perante o SEF. Essas garantias de defesa, nesse acto processual, e no que toca a defensor, bastam-se com a concessão de uma efectiva possibilidade de o requerer, que deverá constar do próprio auto" (veja-se o *sumário* do Acórdão em www.dgsi.pt).

[239] José de MELO ALEXANDRINO, A nova lei..., *cit.,* p. 90.

[240] Revisitando a questão em sede de fiscalização concreta da constitucionalidade, veja-se o Acórdão 594/2008 do Tribunal Constitucional – anotado por Miguel PRATA ROQUE, Acto nulo ou anulável? A jus-fundamentalidade do direito de audiência prévia e do direito à fundamentação, *in CJA*, n.º 78, 2009, pp. 17 segs. Cfr. ainda, numa outra perspectiva, Carla AMADO GOMES, Participação Pública e defesa do ambiente: um silêncio crescentemente ensurdecedor. Monólogo com jurisprudência em fundo, *in CJA*, n.º 77, 2009, pp. 3 segs, 10-11.

os quais a pessoa não pode ser enviada, nos termos do artigo 143.º (cfr. o artigo 149.º/3). Os imigrantes a quem tenha sido reconhecido o estatuto de residente de longa duração podem ser expulsos somente após a análise de alguns aspectos, como a extensão da sua permanência, a sua idade, as consequências pessoais e familiares da expulsão e a solidez da sua ligação a Portugal (ou a falta de ligação ao país de origem) – artigo 136.º/2.

O SEF está também investido no poder de reconhecer e executar as decisões de expulsão originárias de outros Estados-membros contra cidadãos de Estados terceiros. As condições para o reconhecimento estão previstas no artigo 169.º, e devem envolver as autoridades do Estado que tomou a decisão e as do Estado que emitiu a autorização de residência – no caso de serem diferentes (n.º 4). Sublinha-se que a LI visa harmonizar a obrigação de reconhecimento com a faculdade de contextualizar a decisão de expulsão no *quadro nacional e europeu*. Olhando para o artigo 169.º/2, este propósito torna-se cristalino: quando a expulsão foi decretada com base em ameaça séria para a ordem ou segurança públicas, o SEF deve assegurar-se do *clear and present danger* que o estrangeiro representa para Portugal ou para a União. A proporcionalidade está claramente em jogo nesta análise, considerando a adequação da medida e o balanceamento entre a restritividade da expulsão relativamente à liberdade de circulação.

Curiosamente, e uma vez demonstrada a ideia de que este reconhecimento deve ser uma decisão de *ultima ratio*, o artigo 169.º/5 exclui-o sempre que o Estado que decreta a expulsão adie ou suspenda os seus efeitos. Este ponto alerta para a possibilidade de revisão de uma decisão de expulsão – exclusivamente daquelas que são proferidas pela Administração, de modo a não ferir o princípio da *res judicata*. O adiamento/suspensão tem, em nossa opinião, apenas uma dimensão externa: caso o estrangeiro pretenda reentrar em Portugal, a expulsão retoma os seus efeitos.

Estas decisões estão sujeitas a escrutínio judicial: pelos tribunais administrativos, sempre que seja o SEF a fazer o reconhecimento (artigo 171.º/3); pelo Tribunal da Relação, quando o reconhecimento é realizado por tribunais judiciais (artigo 169.º/3, remetendo para os artigos 152.º a 158.º).

Esta decisão é susceptível de controlo pelo tribunal administrativo. Contudo, o artigo 150.º estabelece que a apresentação da acção não suspende os efeitos do acto. Parece, assim, que a LI torna a defesa excessivamente onerosa, porque o estrangeiro pode ser obrigado a deixar o país antes de ver comprovado o seu direito[241]. Deve ser enfatizado, no entanto, que o Tribunal Constitucional nunca admitiu que o efeito automático da suspensão decorrente da propositura da acção se filia no direito à tutela jurisdicional efectiva (apesar de o artigo 268.º/4, *in fine,* da CRP, estatuir que este direito contempla a faculdade de *requerer* tutela cautelar)[242].

Deve ter-se em mente, todavia, que o artigo 128.º do CPTA estabelece que a apresentação do pedido de suspensão propulsiona a suspensão provisória dos efeitos do acto, pelo menos até que a Administração invoque perante o juiz motivos de interesse público que justifiquem a necessidade de prossecução da execução, e o convença

---

[241] Note-se que, de acordo com os n.ºˢ 5 e 6 do artigo 146.º, "não é organizado processo de expulsão contra cidadão estrangeiro que, tendo entrado irregularmente em território nacional, apresente um pedido de asilo a qualquer autoridade policial nas 48 horas após a sua chegada, aguardando em liberdade a decisão do seu pedido".

A Lei 27/2008, de 30 de Junho, que estabelece as condições e procedimentos de concessão de asilo ou protecção subsidiária e os estatutos de requerente de asilo, de refugiado e de protecção subsidiária, veio consagrar o efeito suspensivo automático da impugnação judicial das decisões proferidas em procedimentos de asilo (v., designadamente, artigos 25.º e 44.º). Sobre a questão, comparando esta solução com a solução legal anterior (ao abrigo da Lei 15/98, de 26 de Março), Andreia Sofia OLIVEIRA, O Direito de Asilo na Constituição portuguesa, Coimbra, 2009, pp. 189 segs. A Autora faz notar que a solução da actual lei portuguesa vem na linha da mais recente jurisprudência do Tribunal de Estrasburgo sobre o direito ao recurso efectivo [cfr. os casos *Jabari c. Turquia* (2000), *Conka c. Bélgica* (2002) e *Gebremedhin c. França* (2007)].

No último caso referenciado, o Tribunal afirmou: *"In view of the importance which the Court attaches to Article 3 of the Convention and the irreversible nature of the damage which may result if the risk of torture or ill-treatment materialises, this finding obviously applies also to cases in which a State Party decides to remove an alien to a country where there are substantial grounds for believing that he or she faces a risk of that nature: Article 13 requires that the person concerned should have access to a remedy with automatic suspensive effect"* (v. www.echr.coe.int).

Resta saber se, não obstante a garantia estabelecida no artigo 143.º, em consonância aliás com o n.º 6 do artigo 33.º da CRP, a regra do efeito meramente devolutivo do recurso jurisdicional da decisão de expulsão administrativa não permitirá a ocorrência de situações como as que se pretendiam desta forma evitar, nos casos em que a Administração não tenha tido em consideração os receios manifestados pelo interessado (n.º 2 do artigo 143.º).

[242] Em contrapartida, o *Supreme Court* dos Estados-Unidos da América afirmou que a garantia de suspensão automática dos efeitos de uma ordem de expulsão é inerente ao princípio do processo equitativo [no caso *Japanese Immigration* de 1903 (*Kaoru Yamataya vs. Fisher*)], considerando que a qualquer pessoa deve ser reconhecido o direito a defender-se antes de ser expulsa do território onde se encontre.

do merecimento dessa (contra)pretensão. Ou seja, a suspensão não opera, a título cautelar, por mero efeito da lei, uma vez que a Administração pode levar o juiz a levantar a suspensão provisória, repondo a eficácia plena do acto.

O Tribunal Constitucional teve oportunidade de se debruçar, em diversos arestos, sobre o sentido e alcance do direito fundamental à protecção jurídica. Consagrado no artigo 20.º da CRP[243], este direito-princípio desdobra-se em várias dimensões, que não apenas o direito de acesso ao tribunal e a tutela jurisdicional efectiva[244]. Uma dessas dimensões é a da garantia de acesso à justiça, mesmo no caso de insuficiência de meios económicos (artigo 20.º/1, *in fine*, da CRP), que visa garantir a igualdade de oportunidades no acesso à justiça[245]. Esta garantia é concretizada pela Lei 34/2004, de 29 de Julho[246], que regula a protecção jurídica, nas modalidades de consulta jurídica e apoio judiciário. Da Constituição não resulta, pois, um direito de acesso ao direito e aos tribunais gratuito ou tendencialmente gratuito, mas o legislador está obrigado a criar mecanismos que assegurem o acesso às pessoas economicamente carenciadas – só assim haverá um *efectivo direito de acesso*[247].

O direito à protecção jurídica e a uma tutela jurisdicional efectiva é extensivo a estrangeiros (o que é tanto mais importante quanto este será um dos domínios em que o indivíduo se encontra mais radicalmente desprotegido perante o Estado). Assim o entendeu o Tribunal Constitucional, ao considerar que "os mandados da norma do artigo 20.º, de asseguramento do acesso ao direito e aos tribunais, constituem mesmo a estrutura central da ordem constitucional democrática". Os Juízes do Palácio Ratton concluíram, a partir da afirmação da tutela judicial como *direito à garantia dos direitos,* "que o acesso ao tribunal integra o núcleo irredutível do princípio da equiparação de tratamento entre nacionais e estrangeiros e apátridas"[248]. O direito a uma tutela jurisdicional efectiva não é, de resto,

---

[243] E com manifestações em outras normas constitucionais, como as relativas ao processo penal e às garantias dos administrados.

[244] Cfr. Jorge MIRANDA e Rui MEDEIROS, Constituição..., *cit.*, pp. 423 segs.

[245] Jorge MIRANDA, Manual..., IV, *cit.*, Coimbra, 2008, pp. 336-337.

[246] Com as alterações introduzidas pela Lei 47/2007, de 28 de Agosto.

[247] Jorge MIRANDA e Rui MEDEIROS, Constituição..., *cit.*, pp. 428-429.

[248] Cfr. o Acórdão 962/96 do Tribunal Constitucional (sobre apoio judiciário em processo de asilo em caso de impugnação contenciosa do acto de denegação do asilo). Sobre apoio judiciário e estrangeiros, vejam-se ainda os Acórdãos do Tribunal Constitucional 365/00, 433/03 e 208/04. Este último aresto, proferido em fiscalização concreta, julgou inconstitucional, por violação do disposto no artigo 20.º/1 da CRP, a norma que se extrai do

apenas um direito-princípio constitucional, estando também consagrado nos Direitos da União Europeia e europeu[249].

Por força do princípio geral da equiparação (artigo 15.º/1 da CRP), devem ter-se por inconstitucionais as normas que rejeitam a possibilidade de apoio judiciário a estrangeiros ou apátridas que se encontrem ou residam em Portugal[250]. De acordo com a jurisprudência do Tribunal Constitucional, apesar de poder entender-se razoável exigir uma conexão mínima do estrangeiro requerente de apoio judiciário com o ordenamento nacional, deve porém ser-lhe reconhecido tal apoio quando esteja em causa a defesa de direitos fundamentais de que seja titular[251]. Não é, pois, necessário que o estrangeiro *resida, ou resida por um determinado período de tempo*, em Portugal (ou se encontre em Portugal em *situação regular*).

As disposições que, na LI, se referem à assistência jurídica e ao apoio judiciário[252] devem ser complementadas com as normas constitucionais e

---

artigo 7.º/2 da Lei 30-E/2000, quando interpretada em termos de conduzir à recusa da concessão do benefício de apoio judiciário para a propositura de acção laboral a trabalhador estrangeiro economicamente carenciado, que, residindo efectivamente em Portugal, disponha de autorização de permanência válida e aqui trabalhe.

[249] A jurisprudência do Tribunal Europeu tem vincado que a possibilidade, decorrente da soberania estadual, de controlo da entrada de não-nacionais no território não significa que os actos adoptados ao abrigo das leis de imigração não estejam obrigados ao respeito pela Convenção Europeia dos Direitos do Homem estando, desde logo, obrigados ao respeito pelo direito a um "remédio efectivo" (artigo 13.º). No plano comunitário, afirma-se igualmente um direito de acesso à justiça – cfr., entre outros, os artigos 47.º da Carta dos Direitos Fundamentais da União Europeia, 30.º da Directiva 2004/38/CE, e 20.º da Directiva 2003/109/CE. Sobre a questão, Evelien BROUWER, Effective Remedies for Third Country nationals in EU Law: Justice Acessible to All?, in *EJML*, 7 (2005), pp. 219 segs., ressaltando a existência de diferentes regimes, a indefinição da protecção efectiva e a margem de liberdade deixada ao legislador, e comparando as garantias processuais detalhadas previstas na Directiva 2004/38/CE com o carácter vago dos *standards* aplicáveis no âmbito do direito da emigração e asilo (espec. p. 233).

[250] Jorge MIRANDA e Rui MEDEIROS, Constituição..., *cit.*, p. 433.

[251] José Joaquim GOMES CANOTILHO e VITAL MOREIRA, Constituição..., *cit.*, p. 412. Sobre a questão, *vide* os Acórdãos 365/2000 e 368/04 do Tribunal Constitucional, bem como Jorge MIRANDA, O Tribunal Constitucional Português em 2000, in *Anuário Iberoamericano de Justicia Constitucional*, n.º 5, 2001, pp. 517 segs., 521-522.

[252] A LI não consagra em geral, o direito dos estrangeiros ao apoio judiciário – consagra-o inequivocamente no n.º 4 do artigo 136.º, nos termos do qual *ao residente de longa duração que não disponha de recursos suficientes é concedido apoio judiciário, nos termos da lei*, estabelecendo no n.º 2 do artigo 40.º que *ao cidadão estrangeiro a quem tenha sido recusada a entrada em território nacional é garantido, em tempo útil, o acesso à assistência jurídica por advogado, a expensas do próprio*. A este propósito, veja-se ainda o artigo 83.º/1, que garante aos titulares de autorização de residência o acesso ao direito e aos tribunais.

legais que regulam a matéria. Cumpre, assim, recorrer à Lei 34/2004, que estabelece no artigo 7.º que têm direito à protecção jurídica aí estabelecida os cidadãos nacionais e da União Europeia, bem como os estrangeiros e os apátridas com título de residência válido num Estado membro da União Europeia, que demonstrem estar em situação de insuficiência económica (n.º1), sendo que aos estrangeiros sem título de residência válido num Estado-membro da União Europeia é reconhecido o direito a protecção jurídica, na medida em que ele seja atribuído aos portugueses pelas leis dos respectivos Estados (n.º 2) - ou seja, em condições de reciprocidade.

O estabelecimento, pelo legislador, de cláusulas de reciprocidade para limitar a invocação de determinados direitos fundamentais (nos casos em que da Constituição não resulta qualquer limitação) suscita, como já se referiu, dúvidas de constitucionalidade, seja face ao princípio da equiparação, seja face ao princípio da igualdade, neste caso face à proibição de discriminação em função da cidadania e da situação económica (artigo 13.º/2)[253], podendo, no caso da protecção jurídica, conduzir efectivamente à denegação de acesso à justiça por insuficiência de meios económicos (artigo 20.º/1 CRP).

Por seu turno, o princípio da equiparação estende a sua protecção aos estrangeiros em situação irregular pelo menos no núcleo de direitos atinentes à dignidade humana[254] e, por isso, deverá estender-se também à possibilidade de acesso à justiça em caso de insuficiência de meios económicos, *independentemente da existência de reciprocidade*. Com efeito, tratando-se de uma *regra de funcionamento automático*, dificilmente cumprirá as exigências do princípio da proporcionalidade a observar em sede de restrição de direitos, liberdades e garantias e, denegando a possibilidade de acesso à justiça no caso de insuficiência de meios económicos, cria uma diferenciação insustentável do ponto de vista da igualdade e violadora do conteúdo essencial do direito fundamental[255-256].

---

[253] Sobre as cláusulas de reciprocidade ou de "retaliação" em geral (e, em especial, sobre o artigo 14.º/2 do Código Civil) e sua conformidade constitucional, Mário TORRES, O estatuto constitucional..., *cit.,* pp. 21 segs; Jorge Pereira da SILVA, Direitos de Cidadania..., *cit.,* pp. 49 segs., e Luís de LIMA PINHEIRO, Direito dos Estrangeiros – Uma perspectiva de Direito Internacional Privado, in *O Direito*, 2006/V, pp. 974 segs.

[254] Leia-se o voto de vencido do Juiz Conselheiro Mário TORRES no Acórdão 232/04 do Tribunal Constitucional e, especificamente sobre o apoio judiciário, Paulo Manuel COSTA, A situação de irregularidade..., *cit.*.

[255] Que sempre constituirá limite ao funcionamento das cláusulas de reciprocidade – cfr. José Joaquim GOMES CANOTILHO e VITAL MOREIRA, Constituição..., *cit.,* p. 362. Sobre a questão, Jorge Pereira da SILVA, Direitos de Cidadania..., *cit.,* pp. 54 segs. No sentido da inconstitucionalidade, Luís de LIMA PINHEIRO, Direito dos Estrangeiros..., *cit.,* p. 976, e Paulo Manuel COSTA, A situação de irregularidade dos estrangeiros..., *cit.,* pp. 13-14.

No **Acórdão 433/03,** o Tribunal Constitucional, tendo sido chamado a apreciar a norma do artigo 7.º/3 da Lei 30-E/2000, de 20 de Dezembro, que estabelecia que os estrangeiros não residentes que não dispusessem de meios económicos suficientes teriam direito a apoio judiciário se existisse reciprocidade, declarou a inconstitucionalidade da norma, por violação dos artigos 20.º/1 e 2 e 32.º/1 da CRP. Contudo, o Tribunal Constitucional ressalvou a legitimidade, em abstracto, das chamadas "cláusulas de reciprocidade", afirmando que a inconstitucionalidade da norma não derivava, ao contrário do sustentado na decisão recorrida, «de uma suposta incompatibilidade, em abstracto, entre a exigência de reciprocidade (a qual, além de constituir um importante instrumento de política externa, pode ser perfeitamente justificável, em certos casos, para que a estrangeiros não residentes sejam reconhecidos determinados direitos) e os princípios da igualdade ou da não discriminação. Ao invés, a referida incompatibilidade com preceitos constitucionais resultará, apenas, do facto de, a não existir tal reciprocidade, ficarem concreta e *inadmissivelmente encurtadas* – e na medida em que o fiquem – as possibilidades de defesa de um arguido e, consequentemente, cerceados *"a tutela judicial como direito à garantia dos direitos"* ou *"um certo número de direitos fundamentais"*».

2. A expulsão judicial de imigrantes

Quando o imigrante se encontre legalmente em Portugal, a expulsão apenas pode ser decretada por um juiz. Há a considerar dois tipos de situações:

i.) A expulsão pode ser acessoriamente imposta a um imigrante condenado por crime a que corresponda uma pena de prisão superior a um ano. Cumpre ressaltar que há vários aspectos a ponderar antes

---

[256] A questão foi, recentemente, discutida a propósito da chamada "Directiva Retorno" (Directiva 2008/115/CE, do Parlamento Europeu e do Conselho, de 16 de Dezembro, sobre o regresso de imigrantes ilegais aos país de origem, que consagra o apoio judiciário para imigrantes em situação ilegal). Esta dispõe, no artigo 13.º/4, que *"os Estados-Membros asseguram a concessão de assistência e/ou representação jurídica gratuita, a pedido, nos termos da legislação nacional aplicável ou da regulamentação relativa à assistência jurídica, e podem prever que a concessão dessa assistência e/ou representação gratuitas esteja sujeita às condições previstas nos números 3 a 6 do artigo 15.º da Directiva 2005/85/CE"* (relativa a normas mínimas aplicáveis ao procedimento de concessão e retirada do estatuto de refugiado nos Estados-Membros).

de decretar tal medida extrema, como a gravidade do crime, a personalidade do ofensor, o tempo de permanência em Portugal, o contexto social, entre outros. Acima de tudo, o facto de o imigrante ter residência permanente (o mesmo é dizer, o facto de o imigrante se encontrar no país há pelo menos cinco anos antes de ser condenado) determina que a expulsão só deva ser decidida caso a conduta do imigrante represente uma ameaça séria para a ordem ou segurança públicas (cfr. o artigo 151.º/2 e 3, e também o artigo 136.º/1)[257].

A execução da ordem de expulsão é determinada pelo juiz de execução das penas, na sequência do cumprimento de 2/3 da pena ou, se o recluso demonstrar bom comportamento, após metade do tempo (artigo 151.º/4 e 5).

ii.) A expulsão pode ser solicitada aos tribunais judiciais pelo SEF – artigos 152.º/1 e 153.º/1. As razões estão enunciadas no artigo 134.º/1 e respeitam sobretudo à salvaguarda da segurança nacional e europeia[258] (atente-se, contudo, na alínea d), que se reporta à "interferência abusiva no exercício de direitos de participação política reservados a nacionais", cujo objectivo constitui para nós um mistério). Estes casos devem traduzir uma séria quebra de confiança na conduta do imigrante, tão grave que justifique a medida extrema de expulsão[259-260].

O SEF inicia um processo judicial de expulsão depois de investigar o comportamento do imigrante e de reunir os dados necessários de prova (artigo 153.º). Uma vez apresentada a acção, a audiência é marcada nos próximos 5 dias, após a notificação do imigrante, das

---

[257] A aplicação da pena acessória de expulsão não é, pois, *automática*, deixando ao juiz uma margem de ponderação. Sobre a questão, Ana Luísa PINTO, A pena acessória de expulsão de estrangeiros do território nacional, Coimbra, 2005, pp. 70 segs e, à face do artigo 30.º/4 da CRP, Jorge PEREIRA DA SILVA, Direitos de cidadania..., *cit.*, p. 44, e jurisprudência aí citada.

[258] Pode afirmar-se que quando o imigrante se torna uma ameaça para a segurança europeia e é listado no Sistema de informação de Schengen (por indicação de qualquer Estado-membro), o SEF fica obrigado a expulsá-lo. Veja-se o Acórdão do STA, de 7 de Novembro de 2002 (proc. 0473/02), no qual está em causa um processo de legalização (mas o princípio é transponível para este contexto).

[259] Neste sentido, Jorge MIRANDA e Rui MEDEIROS, Constituição..., *cit.*, p. 748.

[260] Se o SEF suspeitar de que o imigrante pode tentar fugir antes do julgamento, pode apresentar um pedido ao juiz solicitando a adopção de medidas especiais de segurança, nos termos do artigo 142.º.

testemunhas indicadas no processo e o Director regional do SEF (artigo 154.º/1). Esta audiência apenas pode ser adiada uma vez, com algum de quatro fundamentos (artigo 155.º/1): – caso o réu o requeira, a fim de preparar a sua defesa; – caso o réu esteja ausente (a presença do imigrante na audiência é imperativa – artigo 154.º/2); – caso falte alguma testemunha indispensável; – caso o tribunal necessite de tempo para desenvolver diligências suplementares com vista à descoberta da verdade.

Se o juiz decidir expulsar o imigrante, a decisão deve conter os mesmos elementos que a equivalente medida administrativa: a fundamentação; as obrigações a que o imigrante fica vinculado (nomeadamente, o prazo que lhe é concedido para deixar o território nacional); a menção da interdição de entrada e o período durante o qual se mantém; e a indicação dos Estados para os quais o imigrante não deverá ser enviado, com base no artigo 143.º (veja-se o artigo 157.º/1). Os imigrantes a quem tenha sido reconhecido o estatuto de residente de longa duração apenas poderão ser expulsos após ponderação de certos aspectos por parte do juiz (bem assim como pelo SEF, nas hipóteses de expulsão administrativa), como o tempo de permanência no país, a idade, as consequências pessoais e familiares da medida, e a solidez do vínculo estabelecido com Portugal (ou a falta de laços com o país de origem) – artigo 136.º/2. A ponderação destes aspectos demanda, naturalmente, a observância de parâmetros de proporcionalidade[261].

O recurso é apresentado junto do Tribunal da Relação, mas não tem efeito suspensivo – o imigrante tem, portanto, de abandonar o país no mais curto período. O SEF pode conceder ao imigrante a possibilidade de deixar voluntariamente o território nacional, ou pedir ao Tribunal que determine: – a recondução a centro de instalação temporária[262]; – a obrigação de permanência na residência ou o uso de meios de vigilância electrónica; – ou a apresentação periódica ao SEF ou às autoridades policiais (artigo 160.º). Assinale-se a redução

---

[261] Vejam-se Jorge MIRANDA e Rui MEDEIROS, Constituição..., cit., p. 748.

[262] Caso o imigrante desobedeça a uma ordem de expulsão, pode ser detido pelas autoridades e apresentado a um juiz que, não podendo proceder ao afastamento num prazo de 48 horas, o envia para um centro de instalação temporária até a execução poder ser desencadeada (artigo 161.º).

do grau de protecção que este processo de recurso envolve comparativamente com a expulsão administrativa. O facto de os efeitos da decisão não se suspenderem até à decisão do recurso traduz uma penalização relativamente à solução de suspensão (ainda que provisória) veiculada pelo artigo 128.º/1 do CPTA.

A decisão é comunicada às autoridades do país de destino e também ao Sistema de informação de Schengen – sempre que o imigrante seja considerado uma ameaça à segurança europeia (caso os fundamentos de expulsão respeitem apenas à segurança nacional, a comunicação é restrita à lista nacional de pessoas não admissíveis), de acordo com o artigo 157.º/2. Durante o período de validade da decisão de expulsão, o imigrante não pode reentrar no país; se tal acontecer, poderá ser condenado em pena de prisão até dois anos ou ao pagamento de uma multa até 100 dias (veja-se o artigo 187.º).

BIBLIOGRAFIA

I. Doutrina

AMADO GOMES, Carla,
– Filiação, adopção e protecção de menores. Quadro constitucional e notas de jurisprudência, in *Revista de Ciências Empresariais e Jurídicas*, n.º 13, 2008, pp. 7 segs.
– A tutela urgente no Direito do Urbanismo – algumas questões, in *Textos dispersos de Direito do Património Cultural e de Direito do Urbanismo,* Lisboa, 2008, pp. 181 segs
– Participação Pública e defesa do ambiente: um silêncio crescentemente ensurdecedor. Monólogo com jurisprudência em fundo, in *Cadernos de Justiça Administrativa*, n.º 77, 2009, pp. 3 segs.

BACELAR GOUVEIA, Jorge, A lei da anti-discriminação racial no novo Direito Português da Igualdade Social: breves reflexões sobre o sentido e a estrutura da Lei n.º 134/99, de 28 de Agosto, *Themis,* n.º 5, 2002, pp. 23 segs.

BELL, Mark,
– Implementing the EU Racial Equality Directive: implications for immigration law, in *Tolley's Journal of immigration asylum and nationality law*, 2004/1, pp. 39 segs.
– The implementation of European Anti-Discrimination Directives: Converging towards a Common Model?, in *The Political Quarterly,* 2008/1, pp. 36 segs.

BENEDÍ LAHUERTA, Sara, Race equality and TCNs, or how to fight discrimination with a discriminatory law, in *European Law Journal,* 2009/6, pp. 738 segs.

BEUTIN, Ricklef *et alli,* Reassessing the Link between Public Perception and Migration Policy, in *European Journal of Migration and Law,* 9 (2007), pp. 389 segs.

BROUWER, Evelien, Effective Remedies for Third Country nationals in EU Law: Justice Acessible to All?, in *European Journal of Migration and Law,* 7 (2005), pp. 219 segs.

CABRAL BARRETO, Ireneu, A Convenção Europeia dos Direitos do Homem, Anotada, 3.ª ed., Coimbra, 2005.

CARBONELL, Miguel, Constitucionalismo y Multiculturalismo, in *Derecho Constitucional para el Siglo XXI,* II, Navarra, 2006, pp. 4757 segs.

CARDOSO ROSAS, João, Sociedade Multicultural: conceitos e modelos, in *Relações Internacionais,* n.º 14, Junho de 2007, pp. 47 segs.

CARNEIRO PEREIRA, Júlio, Direito à emigração e imigração com direitos, in *Revista do Ministério Público,* n.º 90, 2000, pp. 113 segs.

CASTORINA, Emilio, Introduzione allo studio della cittadinanza, Milão, 1997.

CLUNY, António, Multiculturalismo, interculturalismo e imigração em Portugal no início do séc. XXI, *in Revista do Ministério Público,* n.º 97, 2004, pp. 103 segs.

CORSI, Cecilia, Lo Stato e lo straniero, Milão, 2001.

Costa, Paulo Manuel,
– A protecção dos estrangeiros pela Convenção Europeia dos Direitos do Homem perante processos de asilo, expulsão e extradição – a jurisprudência do Tribunal Europeu dos Direitos do Homem, in *Revista da Ordem dos Advogados*, n.º 60, 2000, pp. 497 segs.
– Comentário ao Anteprojecto de Proposta de Lei de Estrangeiros, Working Paper n.º 4, 2006 (disponível para consulta em www.pmcosta.co.pt).

Dougan, Michael, The Treaty of Lisbon 2007: winning minds, not hearts, in *Common Market Law Review* 45, 2008, pp. 617 segs .

Elósegui Itxaso, María, Asimilacionismo, multiculturalismo, interculturalismo, in *Claves de Razón Prática*, n.º 74, 1997, pp. 24 segs.

De Lucas Martin, Javier, Sobre la gestión de la multiculturalidad que resulta de inmigración: condiciones del proyecto intercultural, in AA.VV., *Desafíos actuales a los derechos humanos: la violencia de género, la inmigración y los medios de comunicación*, Maria Eugenia Rodríguez Palop et alli (eds.), Madrid, 2005, pp. 73 segs.

Dias, Sónia (org.), *Revista Migrações - Número Temático Imigração e Saúde*, Setembro 2007, n.º1 (disponível para consulta em www.oi.acidi.pt).

Dias Pereira, André Gonçalo, Garantias processuais e acesso ao direito e aos tribunais. A protecção específica dos estrangeiros, in *Direitos humanos, estrangeiros, comunidades migrantes e minorias*, Oeiras, 2000, pp. 201 segs.

Ferran, Nicolas, La politique de maîtrise des flux migratoires et le respect des droits et libertés constitutionnels, in *Revue du Droit Public et de la Science Politique*, 2004/1, pp. 275 segs.

Fitzpatrick, Joan, The human rights of migrants, in *Migration and International Legal Norms*, T. A. Aleinikoff e C. Chetail (org.), The Hague, 2003, pp. 169 segs.

Garcia Ruiz, J. Luis, La condición de extranjero y el Derecho Constitucional español, in *II Jornadas Italo-españolas de Justicia Constitucional. Problemas constitucionales de la inmigración: una visión desde Italia y España* (coord. de Miguel Revenga Sánchez), Valencia, 2005, pp. 489 segs.

Gaspar, Jorge, A autorização de permanência e a integração do imigrantes (Uma análise político-jurídica), in *O Direito*, 2001/IV, pp. 959 segs.

Gil, Ana Rita, Um caso de europeização do Direito constitucional português : a afirmação de um direito fundamental ao reagrupamento familiar, in *Revista de Direito Público*, ano I (2009), n.º 2, pp. 9 segs.

Gomes, Charles P., Les limites de la souveraineté. Les changements juridiques dans les cas d'immigration en France et aux États-Unis, in *Revue Française de Science Politique*, 2000/3, pp. 413 segs.

Gomes Canotilho, José Joaquim,
– Direito Constitucional e Teoria da Constituição, 7.ª ed., Coimbra, 2003.
– Enquadramento jurídico da imigração, in *Actas do I Congresso Imigração em Portugal*, Lisboa, ACIME, 2004, pp. 151 segs.
– Direitos humanos, estrangeiros, comunidades migrantes e minorias, org., Oeiras, 2000.

Gomes Canotilho, José Joaquim e Vital Moreira, Constituição da República Portuguesa Anotada, I, 4.ª ed., Coimbra, 2007.

Gomes Canotilho, José Joaquim e Tavares da Silva, Suzana, Método multinível: "Spillover effects" e interpretação conforme o direito da União Europeia, in *Revista de Legislação e Jurisprudência*, Ano 138, n. 3955 (2009), p. 182 segs.

GORJÃO-HENRIQUES, Miguel, A Europa e o «estrangeiro»: Talo(s) ou Cristo?, in *Temas de Integração*, n.º 6, 1998, pp. 23 segs.

GROSS, Thomas, Integration of immigrants: the perspective of European Community Law, in *European Journal of Migration and Law*, 7 (2005), pp. 145 segs.

HALLESKOV, Louise, The Long Term Residents Directive: A Fullfilment of the Tampere Objective of Near-Equality, in *European Journal of Migration and Law*, 7(2005), pp. 18 segs.

HANDOLL, John, The Long-Term Residents Directive, in *European Yearbook of Minority Issues*, 2004/5, pp. 389 segs.

HORTA, Ana Paula Beja, Introdução, in *Revista Migrações - Número Temático Associativismo Imigrante*, Ana Paula Beja Horta (org.), Abril 2010, n.º 6, pp. 11 segs.

HUBLET, Chloé, The scope of article 12 of the Treaty of the European Communities *vis-à-vis* Third-Country Nationals: evolution at last?, in *European Law Journal*, 2009/6, pp. 757 segs.

JERÓNIMO, Patrícia, Imigração e minorias em tempo de diálogo intercultural – um olhar sobre Portugal e a União Europeia, in *Scientia Iuridica*, n.º 317, 2009, pp. 7 segs.

JOPPKE, C., Transformation of Citizenship: Status, Rights, Identity, in *Citizenship Studies*, 2007/1, pp. 37 segs.

JUSTINO, David, Integração política e cívica. Cidadania e Civismo. Participação política. Acesso à Nacionalidade, in *Imigração: oportunidade ou ameaça? Recomendações do Fórum Gulbenkian Imigração*, António Vitorino (coord.), Estoril, 2007, pp. 153 segs.

KÄLIN, Walter, Human Rights and the integration of migrants, in *Migration and International Legal Norms*, T. A. Aleinikoff e V. Chetail (coord.), The Hague, 2003, pp. 271 segs.

KYMLICKA, Will, Multicultural Citizenship. A liberal theory of minority rights, Oxford, 1995

LABAYLE, Henry, L'Union Européenne et l'immigration. Une véritable politique commune?, in *Mouvement du Droit Public, Mélanges en l'honneur de Franck Moderne*, Paris, 2004, pp. 1217 segs.

LEÃO, Anabela, Expulsão de estrangeiros com filhos menores a cargo (Anotação ao Acórdão 232/04 do Tribunal Constitucional), in *Jurisprudência Constitucional*, n.º 3, 2004, pp. 25 segs.

LECUCQ, Olivier, Existe-t-il un droit fondamental au séjour des étrangers?, in *Renouveau du droit constitutionnel. Mélanges en l'honneur de Louis Favoreu*, 2007, pp. 1637 segs

LIMA PINHEIRO, Luís de, Direito dos Estrangeiros – Uma perspectiva de Direito Internacional Privado, in *O Direito*, 2006/V, pp. 974 segs.

LOPES, Dulce, e Lucinda Dias da Silva, Xadrez policromo: a Directiva 2000/43/CE do Conselho e o princípio da não discriminação em razão da raça e origem étnica, in *Estudos dedicados ao Prof. Doutor Mário Júlio de Almeida Costa*, Lisboa, 2002, pp. 393 segs.

MACCROIRIE, Benedita, A vinculação dos particulares aos direitos fundamentais, Coimbra, 2005.

MAGALHÃES, Maria da Graça, e João Peixoto, O impacto de diferentes cenários migratórios no envelhecimento demográfico em Portugal, 2009- 2060, in *Revista de Estudos Demográficos*, n.º 44, 2008, pp. 95 segs.

MALHEIROS, Manuel, Report on measures to combat discrimination. Directives 2000/43/EC and 2000/78/EC, Country Report – Portugal, state of affairs up to February 2008,

Relatório apresentado no âmbito da *European Network of Lehgal Experts in the Nondiscrimination Field* (disponível para consulta em http://www.non-discrimination.net/content/media/2007-PT-Country%20Report%20Final.pdf).

MARQUES, Rui,
— Políticas de gestão da diversidade étnico-cultural. Da assimilação ao multiculturalismo, Observatório da Imigração, 2003.
— Uma mesa com lugar para todos, Lisboa, Instituto Padre António Vieira, 2005.

MARTÍNEZ DE PISÓN, José, Derechos de la persona o de la ciudadania: los inmigrantes, in *Persona y Derecho*, n.º 49, 2003, pp. 43 segs.

MARTÍNEZ-PUJALTE, Antonio-Luis, Derechos humanos e identidad cultural. Una posible conciliación entre interculturalidad y universalidad, in *Persona y Derecho*, n.º 38, 1998, pp. 119 segs.

MARTINHO, Ana, Imigração, Integração e Participação Social, Agenda Social Renovada, in *Temas de Integração*, n.º 26, 2008, pp. 239 segs.

MEDDA-WINDISCHER, Roberta, Old and new minorities: reconciling diversity and cohesion. A human rights model for minority integration, Baden-Baden, 2009.

MELO ALEXANDRINO, José Alberto de,
— Direitos Fundamentais. Introdução Geral, Cascais, 2007.
— A nova lei de entrada, permanência, saída e afastamento de estrangeiros, in *Revista da Faculdade de Direito da Universidade de Lisboa*, 2008/1-2, pp. 69 segs.

MIRANDA, Jorge,
— O Tribunal Constitucional Português em 2000, in *Anuário Iberoamericano de Justicia Constitucional*, n.º 5, 2001, pp. 517 segs.
— Manual de Direito Constitucional, IV, 4.ª ed., Coimbra, 2008.

MIRANDA, Jorge, e MEDEIROS, Rui, Constituição da República Portuguesa, Anotada, I, 2.ª ed., Coimbra, 2010.

MOTA PINTO, Paulo, Autonomia privada e discriminação. Algumas notas, *Estudos em homenagem ao Conselheiro José Manuel Cardoso da Costa*, II, Coimbra, 2003, pp. 313 segs.

MOURA RAMOS, Rui, Estrangeiro, in *Polis*, II, Mem Martins, 1984, cc. 1215 segs.

OLIVEIRA, Andreia Sofia, O Direito de Asilo na Constituição portuguesa, Coimbra, 2009.

PADILLA, Beatriz, Saúde dos imigrantes: protegendo direitos e assumindo responsabilidade, in *Migrações: Oportunidade ou Ameaça? Recomendações do Fórum Gulbenkian Imigração*, Estoril, 2007.

PAPIER, Hans-Jürgen, Toleranz als Rechtsprinzip, in *Festschrift für Peter Raue*, Rainer Jacobs (ed.), Köln, Berlin, München, 2006, pp. 255 segs.

PASSAGLIA, Paolo, e Roberto Romboli, La condizione giuridica dello straniero nella prospettiva della Corte Costituzionale, in *II Jornadas Italo-españolas de Justicia Constitucional. Problemas constitucionales de la inmigración: una visión desde Italia y España* (coord. de Miguel Revenga Sánchez), Valencia, 2005, pp. 11 segs.

PEIXE DIAS, Bruno, et alli, Racismo e Xenofobia em Portugal (2001-2007), Amnistia Internacional/Númena, Oeiras, Outubro de 2008 (disponível para consulta em http://www.amnistia-internacional.pt/dmdocuments/Estudo_Racismo_Portugal.pdf).

PEIXOTO, João, Imigração e demografia em Portugal, in *Boletim Informativo do ACIDI, I.P.*, n.º 68, 2009, p. 17 (só tem 1 pág).

PEREIRA DA SILVA, Jorge,
– Direitos de cidadania e direito à cidadania. Princípio da equiparação, novas cidadanias e direito à cidadania portuguesa como instrumentos de uma comunidade constitucional inclusiva, Observatório de Imigração, 5, Lisboa, ACIME, 2004.
– "Culturas da cidadania" - Em torno de um acórdão do TC e da nova lei da nacionalidade, Anotação ao Acórdão do TC 599/2005, in Jurisprudência Constitucional, n.º 11, 2006, pp. 81 segs.

PÉREZ MARTÍN, Helena, Libertad de circulación y de residencia: ciudadania e inmigración en la Constitución Europea, in Colóquio Ibérico: Constituição Europeia. Homenagem ao Doutor Francisco Lucas Pires, Coimbra, 2005, pp. 593 segs.

PÉREZ VILLALOBOS, Maria Concepción, La cultura de los derechos fundamentales en Europa. Los derechos de los inmigrantes extracomunitarios y el nuevo concepto de ciudadania, in Derecho Constitucional y Cultura. Estudios en homenaje a Peter Häberle, Francisco Balaguer Callejón (coord.), Madrid, 2004, pp. 701 segs.

PINTO, Ana Luísa, e Mariana Canotilho, O tratamento dos estrangeiros e das minorias na jurisprudência constitucional portuguesa, in Estudos em homenagem ao Conselheiro José Manuel Cardoso da Costa, II, Coimbra, 2005, pp. 231 segs.

PINTO, Ana Luísa, A pena acessória de expulsão de estrangeiros do território nacional, Coimbra, 2005.

PIZARRO BELEZA, Teresa, The Fight for Equality – Implementing anti-discrimination laws, ECRI's Roundtable in Portugal, Lisboa, Fundação Calouste Gulbenkian, 26 de Fevereiro de 2003 (disponível para consulta em www.fd.unl.pt/docentes_docs/ma/tpb_MA_2051.doc).

PIZARRO DE ALMEIDA, Carlota, Exclusões formais, exclusões materiais - o lugar do outro; discriminações contra imigrantes, in Revista da Faculdade de Direito da Universidade de Lisboa, 2005, pp. 37 segs.

PRATA ROQUE, Miguel, Acto nulo ou anulável? A jus-fundamentalidade do direito de audiência prévia e do direito à fundamentação, in Cadernos de Justiça Administrativa, n.º 78, 2009, pp. 17 segs.

REIS NOVAIS, Jorge,
– Os princípios constitucionais estruturantes da República Portuguesa, Coimbra, 2004.
– Os direitos fundamentais nas relações jurídicas entre particulares, in Direitos Fundamentais. Trunfos contra a maioria, Coimbra, 2006, pp. 69 segs.
– A intervenção do Provedor de Justiça entre Privados, in O Provedor de Justiça. Novos Estudos, Lisboa, 2008, pp. 227 segs.
– "Direito, liberdade ou garantia": uma noção constitucional imprestável na justiça administrativa?, Anotação ao Acórdão do TCASul de 6 de Junho de 2007, in Cadernos de Justiça Administrativa, n.º 73, 2009, pp. 44 segs.

REY MARTÍNEZ, Fernando, La discriminación múltiple, una realidad antigua, un concepto nuevo, in Revista Española de Derecho Constitucional, 84 (2008), pp. 251 segs.

NETO, Luísa, Constituição e Educação, in Revista da Faculdade de Direito da Universidade do Porto, 2007, pp. 279 segs.

SAMPAIO, Jorge, Notas sobre saúde e migrações, in Migrações: Oportunidade ou Ameaça? A Habitação e a Saúde na Integração dos Imigrantes: Recomendações do Fórum Gulbenkian Migrações 2008, António Vitorino (coord.), Cascais, 2009, pp. 193 segs.

Sampaio Ventura, Catarina
 – O direito à saúde internacionalmente conformado: uma perspectiva de direitos humanos, in *Lex Medicinae: Revista Portuguesa de Direito da Saúde*, n.º 4, 2005, p. 49 segs.
 – Direitos Humanos e *Ombudsman*, Lisboa, 2007.
Sartori, Giovanni, La sociedad multiétnica. Pluralismo, multiculturalismo y extranjeros, Madrid, 2001.
Schwellnus, Guido, *"Much ado about nothing?" Minority Protection and the EU Charter of Fundamental Rights*, in International Yearbook of Minority Issues, vol. 6, 2007, pp. 137 segs.
Spiro, Peter, Dual citizenship as human right, in *International Journal of Constitutional Law*, 2010/1, pp. 111 segs.
Tavares da Silva, Suzana, Educação e identidade cultural: da integração das crianças à inclusão dos jovens, da aprendizagem da língua ao curso superior, *in Direitos Humanos, Estrangeiros, Comunidades Migrantes e Minorias*, José Joaquim Gomes Canotilho (coord.), Oeiras, 2000, pp. 101 segs.
Torres, Mário, O estatuto constitucional dos estrangeiros, in *Scientia Iuridica*, n.º 290, 2001, pp. 7 segs.
Vidal Fueyo, Maria del Camino, Constitución y extranjería Madrid, 2002.
Vieira de Andrade, José Carlos,
 – O Provedor de Justiça e a protecção efectiva dos direitos fundamentais dos cidadãos, in *O Provedor de Justiça – Estudos*, Lisboa, 2006, pp. 57 segs.
 – Os direitos fundamentais na Constituição da República de 1976, 4.ª ed., Coimbra, 2009.
Vitorino, António,
 – Protecção constitucional e protecção internacional dos direitos do homem: concorrência ou complementaridade?, Lisboa, 1993.
 – Imigração: oportunidade ou ameaça? Recomendações do Fórum Gulbenkian Imigração, coord., Estoril, 2007.
Yusuf, Abdulqawi, Cultural rights as collective rights in international law, *in Multiculturalism and International Law*, Kalliopi Koufa (org.), Atenas, 2007, pp. 53 segs.

II. Jurisprudência citada

a. Tribunal Constitucional

 – Acórdão 359/93
 – Acórdão 442/93
 – Acórdão 288/94
 – Acórdão 962/96
 – Acórdão 365/00
 – Acórdão 423/01
 – Acórdão 255/02
 – Acórdão 433/03
 – Acórdão 208/04
 – Acórdão 232/04
 – Acórdão 368/04
 – Acórdão 599/05
 – Acórdão 594/08

b. Tribunais Administrativos

Acórdão do Supremo Tribunal Administrativo de 7 de Novembro de 2002, Proc. 0473/02
Acórdão do Supremo Tribunal Administrativo de 6 de Novembro de 2003, Proc. 080/02
Acórdão do Supremo Tribunal Administrativo de 15 de Maio de 2007, Proc. 01176/06.
Acórdão do Tribunal Central Administrativo Sul de 15 de Outubro de 2009, Proc. 5242/2009.
Acórdão do Tribunal Central Administrativo Norte de 17 de Julho de 2008, Proc. 0172/05.7BEPRT.

c. Tribunais Judiciais

Acórdão do Supremo Tribunal de Justiça de 3 de Dezembro de 2009, Proc. 76/09.5ZRLRA-A.S.
Acórdão do Tribunal da Relação de Guimarães de 21 de Agosto de 2008, Proc. 1845/2007.

III. Documentos

A jurisprudência constitucional sobre o cidadão estrangeiro, *Relatório da 10.ª Conferência trilateral Portugal, Espanha, Itália,* que se realizou em Madrid entre 25 e 27 de Setembro de 2008 (disponível para consulta em http://tribunalconstitucional.pt/tc/textos0202html).
Conclusões da Presidência do Conselho Europeu de Tampere (disponível para consulta em http://www.europarl.europa.eu/summits/tam_pt.htm).
Comunicação da Comissão, *Uma Agenda Comum para a Integração. Quadro para a Integração de Nacionais de Estados terceiros na União Europeia,* 1 de Setembro de 2005, COM (205) 389.
Discrimination in the European Union: perceptions, experiences and attitudes, Relatório de iniciativa da Comissão Europeia publicado em Julho de 2008 (disponível para consulta em www.pontemargem.org).
"Fugir à crise", Revista *Visão,* de 2 de Abril de 2009, pp. 72-74.
Imigração, Desenvolvimento e Coesão Social em Portugal: parecer face ao Anteprojecto de Proposta de Lei que regula as Condições de Entrada, Permanência, Saída e Afastamento de Estrangeiros do Território Português, Conselho Económico e Social, 2006 (disponível para consulta em www.ces.pt).
Imigração e diversidade étnica, linguística, religiosa e cultural na imprensa e televisão: 2008, Entidade Reguladora da Comunicação Social, 2009, Isabel Ferin (coord.), (disponível para consulta em www.erc.pt).
Legispédia - anotação SEF à LI (disponível para consulta em http://sites.google.com/site/leximigratoria).
Links between migration and discrimination, Comissão Europeia, European Network of Legal Experts in the non-discrimination field, Luxemburgo, Departamento de Publicações da União Europeia, 2009.
Migrações. O caso português: enquadramento normativo geral e actuação do Provedor de Justiça, *Primeiro Relatório de Direitos Humanos da Federação Ibero-Americana de Ombudsman,* 2003, elaborado por Catarina Sampaio Ventura (disponível para consulta em www.provedor-jus.pt/restrito/pub_ficheiros/Migracoes.pdf).

Programa de Acção contra a Mutilação Genital Feminina, no âmbito do III Plano Nacional Para a Igualdade – Cidadania e Género (2007-2010), Lisboa, edição APF/Daphne, 2009.

Princípios básicos comuns para a integração dos imigrantes na União Europeia, adoptados pelo Conselho de Justiça e Assuntos Internos, em Bruxelas, na reunião de 19 de Novembro de 2004.

Pacto Europeu de Imigração e Asilo, 2008.

Plano Nacional de Acção para a Inclusão 2008-2010 (Resolução do Conselho de Ministros n.º 136/2008, de 9 de Setembro).

Plano para a Integração dos Imigrantes (aprovado pela Resolução do Conselho de Ministros 63-A/2007, de 3 de Maio).

Proposta COM (2008) 426 final, Procedimento 2008/0140(CNS), de 2.7.2008, (disponível para consulta em http://ec.europa.eu/prelex/detail_dossier_real.cfm?CL=pt&DosId=197196).

Recent trends in European Nationality Laws: a restrictive turn?, Relatório apresentado ao Comité de Assuntos Constitucionais do Parlamento Europeu, PE 408.301 (Relatora: Betty de HART) (disponível para consulta em http://www.europarl.europa.eu/document/activities/cont/200807/20080702ATT33276/20080702ATT33276EN.pdf).

Relatório de Desenvolvimento Humano 2009. Ultrapassar Barreiras: Mobilidade e Desenvolvimento Humanos das Nações Unidas.

Relatório de Imigração, Fronteiras e Asilo 2008, Serviço de Estrangeiros e Fronteiras (disponível para consulta em www.sef.pt).

Relatório do Parlamento Europeu sobre uma política de imigração comum para a Europa: princípios, acções e instrumentos, de 6 de Abril de 2009.

Relatório sobre o Estado da Arte em Portugal, MIGHEALTHNET – Rede de informação sobre boas práticas em cuidados de saúde para imigrantes e minorias étnicas na Europa, Departamento de Geografia/Centro de Estudos Geográficos Universidade de Lisboa, 2009 (disponível para consulta em http://mighealth.net/pt/images/a/a7/Mighealthnet_Soar_por.pdf).

Terceiro Relatório sobre Portugal, Comissão Europeia contra o Racismo e a Intolerância, adoptado em 30 de Junho de 2006, CRI (2007)4.

ÍNDICE

Nota prévia 5

Introdução 7

I. Delimitação prévia do objecto: Quem é *imigrante*? 21

II. Os imigrantes na Constituição 35

III. A aquisição da condição de imigrante 63

IV. A expulsão de imigrantes 75
   1. A expulsão administrativa de imigrantes ilegais 76
   2. A expulsão judicial de imigrantes legais 84

Bibliografia e jurisprudência 89